超簡單！
東京排行程

 7大 區域 **37**條 路線 **350+**個 食購 遊宿

一次串聯！

1日行程讓新手或玩家都能輕鬆自由行

MOOK

目錄

目錄

澀谷·原宿·表參道·六本木周邊排行程

目錄

玩東京
行程規畫術

你擔心的，由我們來告訴你～

我不會説日文，不可能去東京自助啦！

做功課好麻煩哦，要從何開始？

看那地鐵圖密密麻麻，我害怕迷路耶……

身邊愈來愈多的朋友自助去日本東京玩，

總覺得羨慕，卻沒有勇氣踏出第一步嗎？

想要嘗試不被固定行程綁住，

完全能夠自由作主的旅遊形式嗎？

我們了解你因未知而感到卻步，

在這裡，幫你一一點出行程安排的眉眉角角，

快跟著我們一起，

一步一步安排屬於自己的完美行程！

行程規劃的
第一步 該怎麼做？

我應該怎麼決定
東京旅行的範圍呢？

當要前往東京旅行時，要一口氣玩完全部知名景點，除了有錢更要有閒，
東京比你想像中的還要大，可以玩的東西很多很多！
當要開始安排行程時，最好先決定要玩哪一區域。

Tips

建立Google
「我的地圖」

搜集好想去的景點後，至Google地圖將所有景點全都點進去。這時各景點在地圖上的方位便十分清楚。搞懂想去景點相對位置，掌握方向感是規畫行程成功的開始！

以單一車站周邊為主

通常一開始會以交通方便的交通站點為中心，以步行遊逛周邊區域為主，安排成一日。
- ·只玩淺草站周邊
- ·只玩東京車站周邊
- ·只玩有樂町·銀座周邊
- ·只玩上野站周邊
- ·只玩原宿·表參道周邊
- ·只玩新宿周邊
- ·只玩池袋站周邊
- ·只玩澀谷站周邊

利用鐵道串聯鄰近區域

已經對搭乘地鐵較熟手的人，同一天內就可以規劃鐵道路線串成一日，讓同一天內可感受不同區域的風貌。
- ·淺草+藏前+秋葉原
- ·澀谷+青山+表參道
- ·築地+月島+有樂町+汐留
- ·皇居+日比谷+赤坂+銀座
- ·藏前+兩國+日本橋

郊區進階主題之旅

想去東京郊區，首先必須知道要從東京中心哪個站點搭電車出去，才能順利串接。回程時又要搭到哪一站，才能順利串聯回到飯店。
- ·復古電車荒川線主題之旅
- ·高尾山自然宗教朝聖之旅
- ·鬼太郎&宮崎駿動畫主題之旅
- ·跟著浮世繪尋找老江戶之旅

玩一趟東京大概要準備多少錢呢？

機票、住宿與一些景點門票，在出發之前心中應該已經有底了。一般來說，日本的食衣住行樣樣都貴尤其是在東京，物價約是台灣的2~3倍，當然偶爾還是有撿便宜的時候。

大致物價上可以參考以下的數值：

> 吃東西可以抓
> 午餐¥1,000~¥1,500
> 晚餐¥2,000~¥3,000

Tips

玩東京好貴要怎麼省？

在東京，同一站下車就能逛一天，盡量集中同一天不要跑超過3站為宜，因交通費不便宜。時間不夠用只想到處都沾一下，則推薦買張東京都內各式交通一日券(詳見P.049)。想上展望台看景色，從3~4千日幣到免費都有，也可善用，把錢花在美食、購物上吧！

體力過人、想玩更多，還有《2025~2026東京攻略完全制霸》必參考！

玩更多

食

麥當勞大麥克漢堡¥650
星巴克拿鐵小杯¥500
松屋牛丼中碗¥430
一蘭拉麵¥1,080
咖啡廳蛋糕¥500~800
懷石料理¥5,000~10,000

行

地下鐵1站¥180起
JR東日本(普通車廂)1站¥150起
關東地區計程車起跳¥500~730
車站寄物櫃小型¥600起/天

樂

晴空塔展望台¥1,000~¥3,500
流行雜誌¥690~1,000
看電影¥1,000~2,000

從台灣有哪些航班到東京？

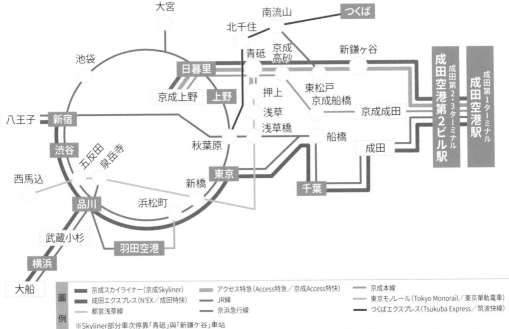

圖例
- ▬ 京成スカイライナー(京成Skyliner)
- ▬ 成田エクスプレス(N'EX／成田特快)
- ▬ 都營淺草線
- ▬ アクセス特急(Access特急／京成Access特快)
- ▬ JR線
- ▬ 京浜急行線
- ▬ 京成本線
- ▬ 東京モノレール(Tokyo Monorail／東京單軌電車)
- ▬ つくばエクスプレス(Tsukuba Express／筑波快線)

※Skyliner部分車次停靠「青砥」與「新鎌ヶ谷」車站

成田國際機場

往東京旅遊，有成田機場跟羽田機場2個選擇。其中成田機場的班機最多，最便利旅人搭配自己的時間安排。進入市區主要的交通方式有JR、京成電鐵和利木津巴士，平均交通時間大概在1小時到1個半小時。

航空公司：
中華航空(與日本航空聯航)：
www.china-airlines.com/tw/zh

長榮航空(與全日空聯航)：www.evaair.com/zh-tw/index.html

星宇航空：www.starlux-airlines.com/zh-TW

台灣虎航：www.tigerairtw.com/

樂桃航空：www.flypeach.com/tw

羽田機場

羽田機場是飛抵東京後，最接近東京市中心的機場，至品川最短時間為13分、到東京站只需35分(￥550)，電車班次多又近，對於想多留點時間玩東京的人、這裡進出絕對是最便利的選擇，台灣有不少航班飛抵這裡。

航空公司：
中華航空
長榮航空

除了找旅行社
我還能怎麼買機票？

使用比價網

利用Skyscanner、Expedia、Trip.com等機票比價網，只要輸入出發、目的地與時間，就能把所有航班列出來！

優點

◎簡單方便
◎全部航班一次列出，一目瞭然

缺點

◎票價非即時
◎許多網站為境外經營，客服不好找且可能有語言問題

至官網查詢

至每一個航空公司的官網查詢航班，最能夠了解該航空公司的所有航點與航班，傳統航空大多買來回票比較划算，廉價航空可買單程票。

優點

◎要退票改票較方便
◎遇到特價促銷最便宜

缺點

◎需要一家一家比較

鎖定廉航特價
■廉航(LCC, Low Cost Carrier)票價便宜，不過廉價航空規定與傳統航空不同，事前一定要弄清楚。

所有服務都要收費

託運行李、飛機餐、選位都要加價購，隨身行李也有嚴格限重，就連修改機票也要付費。

誤點、臨時取消航班

遇上航班取消、更改時間的話，消費者有權免費更換時段一次，誤點則無法求償。

紅眼航班

大多是凌晨或深夜出發的航班，安排行程時別忘了列入考量。

我要怎麼選擇
住飯店還是旅館？

訂房時，決定因素不外乎是**「價格！地點！交通！」**交通、地點好的飯店一定搶手，價格也稍貴；若以價格為考量，則是愈早訂房愈便宜。一般來說，日本的住宿可分為以下幾種：

飯店 擁有優越的地理位置或環境，服務體貼、室內空間寬闊，以及完善的飯店設施，適合想在旅行時享受不同住宿氛圍、好好善待自己的旅客。

溫泉旅館 孕育自日本的溫泉文化，特色露天溫泉浴場、傳統與舒適兼備的和風空間，或是可在房內享用的懷石料理，住宿同時也能體驗日式文化的精華。

連鎖商務旅館 多為單人房和雙人房，乾淨的房間、衛浴、網路、簡單早餐，符合商務客和一般旅客需求。東橫inn、Dormy inn和SUPER HOTEL都是熱門選擇。

青年旅館 划算、簡單的住宿，也有套房或雙人房，但主要是宿舍式床位，衛浴公用，大多設有公用廚房、付費洗衣設備，還有交誼廳讓旅客聊天交換訊息。

民宿 民宿的主人、建築特色和當地料理，都是吸引人的特點。民宿房間通常不多，設備也較簡單，日式西式、單獨或共用衛浴都有。因為是私宅，大多都設有門禁。

膠囊旅館 膠囊旅館雖然只是個小空間，卻也有床、插頭、WIFI，衛浴共用，豪華一點的還有電視、保險箱。床位大多以拉簾遮蔽，擔心隱私與隔音效果的人不建議入住。

公寓式飯店 長住型飯店有著與旅館不同的氣氛，坪數寬廣，廚房、客廳、臥室等空間齊備，旅客可以度過悠閒時光，在此找到真正的生活感、休息與放鬆。

懶人看這裡就對了！

類型	飯店	溫泉旅館	連鎖商務旅館	青年旅館	民宿	膠囊旅館	公寓式飯店
背包客、省錢			◎	◎	◎	◎	
小資族、精打細算			◎		◎		
家族旅行、親子旅行	◎	◎			◎		◎
渡假、高品質	◎	◎					◎

Tips

訂房時被要求輸入姓名的平假名、片假名？

日本在訂票、訂房，常被人詬病的便是需要輸入姓名的平假名／片假名拼音。若是遇到這種網站，卻又不會日文的話，可以使用「Name變換君」網站，只要輸入中文姓名，便會自動變換成日文拼音哦！不過現在此一狀況已經改善很多，尤其若是透過訂房網平台，基本上沒有這個問題。

變換君

怎麼決定**住宿地點**？

來到東京旅遊，一般大都會以山手線這圈的範圍內到處走走，因此住那裡其實都可以，而且盡量以住在一地就不要移動為宜，畢竟東京不管哪一站都人潮不少，萬一遇到大站，光行李移動就是個大工程，也浪費不少時間，但考量到若第一天抵達已經晚上、最後一天飛機時刻又太早，住宿的區域就要交通便利，或是考慮旅遊期間搬遷一次飯店，也都可以納入考量。以下幾個區域因居交通要點、飯店數量也相對多，很適合納入優先選擇的點。如果價位上想要稍微低一點，房間再大一點，以大站往外延伸1~2站，也是聰明選擇。

新宿 東京人流量最大的車站，不論從成田、羽田的交通串聯都便利，加上位居東京中心點，想去那兒都有對應電車路線可達。這裡飯店也多到無可計數，無論什麼類型、價位大都找得到，但便宜的連鎖飯店，當然房間就是小，有的甚至行李打開就沒辦法走路的程度，想住這裡、行李又是好幾咖的人，訂房時得多注意。

池袋 東京三大轉運站之一，因此飯店數量、價位等的選擇也很多，飯店型態跟注意事項，跟新宿差不多，但如果是飛羽田機場的話，這裡是稍微遠了點，可自行考量。

上野 上野雖超級轉運大站，加上腹地被公園吃掉一邊，但從這裡搭成田線去成田機場，便宜又快速，加上位居東京中央位置、上野公園周邊又是東京必訪點，讓這裡人潮也很多、對應飯店也多，想選擇不同價位類型，應該都沒啥問題。

東京、銀座 想住在光鮮亮麗的東京站周邊，享受每天晚上都被美麗夜景包圍，這裡很適合，但價位稍高就要有心理準備。從這裡去迪士尼、台場、日本橋、築地都很近，也是優勢。

品川 山手線這一圈的最南端，距羽田才13分鐘距離、想去橫濱也很近，距東京站、澀谷都算近，雖然好逛好買程度稍微低一些，但當成第二個住宿點備案也是可行。

不用擔心，
住房問題我來解答！

Q 一般飯店房型有哪幾種

A

single／シングル／**單人房**：一張床
twin／ツイン／**雙床房**：**兩張床**
double／ダブル／**雙人房**：一張大床
triple／トリプル／**三人房**：可能是一大床、一小床或三張小床的組合
ladies floor／レディースフロア／**女性專用樓層**：只供女性入住

Q 我帶小孩一起出門，幾歲以下免費呢？

Q 日本需要放床頭小費嗎？大概多少？

A 一般規定為入學年齡（6歲）以下的兒童免費，但還是以各旅館規定為準。

A 服務費都已包含在住宿費用裡，因此並不需要額外支付小費。

Q 一般飯店有供餐嗎？

A 大多數飯店設有餐廳，會提供餐點。但是否提供「免費」早餐，則不一定。有的時候房價便已經包含早餐，有時則是「素泊」並不包餐，訂房時要注意。

在東京搭電車好可怕？

第一次自己在東京搭電車？不用緊張，其實在日本搭電車就跟在台灣搭捷運、台鐵火車、高鐵一樣簡單。只要注意要搭的路線，了解各家私鐵、JR、地下鐵的差異，一切就解決啦！

> 把地下鐵當做捷運來想就對了！

另外東京有許多超級大站，有時出口走錯，距離想去的地方恐怕直接天差地別，多走半小時路也不無可能，因此掌握幾個點，就能安心許多。

❶ 下車後在月台上、尚未刷卡出站前，一定要先確認出口方向、出口號碼再刷卡出站，才不會在車站內團團轉。

❷ 大站內通常會結合商店購物街等，也別只以商店當記憶點來辨別方向，有時太晚當商店拉下鐵門，就什麼都參考方向都不見了，依指標還是最安心。

❸ 不同電車路線系統刷卡閘口也不一樣，有時一個站內有6~7條不同路線也是常見，千萬先站定確認要搭哪條路線、票閘口位置，再刷卡進站。

東京鐵道完全攻略

東京主要交通，依靠的是錯綜複雜的鐵道和地下鐵系統。對遊客來說，常用到的東京的鐵道交通系統大致可以劃分為JR、東京Metro、都營地下鐵和其他私營系統，以下將就主要路線、特殊票券和方便的SUICA／PASMO深入剖析，讓你第一次遊東京就上手。

JR東日本

◎網址：www.jreast.co.jp

山手線：有著醒目綠色車廂的山手線，是日本第一條環狀線，串連東京所有人氣地區，被認為是遊逛東京的旅客們最常使用的交通路線，也是認識東京的第一步必使用路線。

◎**重要車站**：東京、新橋、品川、目黑、惠比壽、澀谷、原宿、新宿、池袋、上野、秋葉原

中央・總武線：是從東京前往新宿的捷徑。過了中野駅後則改為每站都停的普通車，可通往吉祥寺、三鷹。

◎**重要車站**：東京、飯田橋、新宿、中野、吉祥寺、三鷹

東京Metro

◎網址：www.tokyometro.jp

丸之內線：丸之內線從池袋連向東京駅，再經由新宿沿申至荻窪，東京都內許多重要大站都連結起來，尖峰時刻每1分50秒就有一班車，是日本班次最密集的一條線路。

◎**重要車站**：新宿、赤坂見附、銀座、東京、後樂園、池袋

銀座線：行駛於澀谷與淺草之間，是東京的第一條地下鐵，貫穿東京的精華區，悠久歷史充滿懷舊風情。

◎**重要車站**：澀谷、表參道、赤坂見附、新橋、銀座、日本橋、上野、淺草

日比谷線：往來於北千住與目黑之間，所經的車站諸如上野、銀座、六本木等，都是精采無比的重點區域。

◎**重要車站**：惠比壽、六本木、銀座、秋葉原、

上野

副都心線：東京Metro當中最新的一條線，主要目的是疏散澀谷到池袋間的人潮，因此也經過不少大站。

◎**重要車站：**澀谷、新宿三丁目、池袋

千代田線：連接西南方的代代木上原和東北方的北綾瀨，最遠可到唐木田、本厚木一帶。

◎**重要車站：**明治神宮前、表參道、赤坂、根津、千駄木

都營地下鐵

◎**網址：** www.kotsu. metro.tokyo.jp

大江戶線：比山手線更大範圍的環狀線，全線38個站之中，就有21個站是與其它線相連，東京繼JR山手線之後，第二條環狀交通動脈。

◎**重要車站：**都廳前、六本木、汐留、築地市場、月島、飯田橋、豐島園

淺草線：往淺草十分重要的路線，沿途不少站都可以和其他鐵路相互轉乘，十分方便。

◎**重要車站：**淺草、日本橋、東銀座、新橋

都營路面電車

都電荒川線：同屬都營經營的都電荒川線，是東京都內目前現存的唯二條路面電車。沿途充滿懷舊情趣的代表風景，讓人可以更貼近東京在地的早期生活樣貌。

◎**重要車站：**稻早稻田、大塚駅前、庚申塚、三之輪橋、王子駅前

私營電車

京王井之頭線：行駛於澀谷與吉祥寺之間的井之頭線，名字的由來便是吉祥寺的著名景點井之頭公園。

◎**重要車站：**吉祥寺、井之頭公園、下北澤、澀谷

東急東橫線：來往東京與橫濱之間的東急東橫線，連結了兩個走在時尚尖端的區域「澀谷」與「港區21」，而沿途盡時高級住宅區。

◎**重要車站：**澀谷、代官山、中目黑、自由之丘、橫濱

百合海鷗號(ゆりかもめ)：連接台場地區的交通幹線，沿著高架列車軌道，沿途風景迷人。

◎**重要車站：**汐留、台場、青海、豐洲

東武伊勢崎線(東武スカイツリーライン)：可以直接抵達晴空塔的重要路線，從東京都內搭此線至東武動物公園可轉搭東武日光線，前往東照宮。

◎**重要車站：**淺草、東京晴空塔、北千住、東武動物公園、館林、伊勢崎

西武池袋線：以此路線能快速串聯到埼玉縣南西部，飯能這裡有嚕嚕米樂園。搭到練馬轉西武豐島線，只需一站，就能到哈利波特影城。

◎**重要車站：**池袋、練馬、所澤、飯能

小田急小田原線：連接新宿至神奈川西部，是要到東京近郊最具人氣的景點「箱根」的重要路線，前往下北澤也可以利用。

◎**重要車站：**新宿、下北澤、新百合ヶ丘、相模大野、小田原

在東京也有坐交通工具就能玩的路線嗎？

都電荒川線

跨行早稻田到三之輪之間，與世田谷線同為東京唯二的路面電車路線，復古電車緩慢行駛於住宅區間，安靜而帶著緩慢生活氣氛，是東京最受歡迎的兼具觀光價值的路線。

東急世田谷線

世田谷線這條路面電車，殘留著昭和年代風情，廢線後，其中三軒茶屋至下高井戶一段被保留下，現由兩輛編成的300系電車緩慢行駛於路線上，共10種列車顏色，成為鐵道迷收集的另一個樂趣。

隅田川水上巴士

以隅田川為幹道，多條路線的水上巴士能讓旅客從淺草串接日本橋、濱離宮、台場、有明、豐洲等地，感受水路的沿途不同風貌。

觀光SKY BUS

搭上雙層露天巴士，就能輕鬆遊歷東京風景，從東京車站前出發，有4條路線供選擇，約1小時，有人員沿途解說外，外國人則可利用導覽解說機，完全不用擔心語言問題。(另有SKY HOP BUS路線供選擇。)

HATO BUS

東京歷史悠久、使用度最高的觀光巴士，提供完整豐富的都內及近郊行程選擇。近年來HATO巴士也推出中英文的導覽行程，包括最受歡迎的淺草、新景點晴空塔等。

百合海鷗號

連接台場地區的交通幹線，沿著高架列車軌道，由汐留一帶的超高樓穿行到濱海港灣，沿途繞行台場區域的各大景點，大扇車窗外的各站風景，就已是觀光的一部分。

東京有什麼必推體驗活動？

搭直升機，換個角度看晴空塔

想以更獨特的視角來欣賞東京美景，建議嘗試「東京直升機遊覽」體驗，AIROS Skyview 在全日本擁有超過15個直升機遊覽據點，亦有許多方案可以選擇，包括適合初嘗試的東京遊覽行程以及環繞富士山等受歡迎的航線。其中東京遊覽航程從10到120分鐘不等，可選擇日景或夜景方案，建議選擇25分鐘以上的行程，這樣才有充份時間可以欣賞到灣岸區和市中心的壯麗景色。

在東京街頭玩跑跑卡丁車

在淺草寺人擠人、千篇一律的排隊吃小吃嗎？就搭上卡丁車，穿越於古老的東京與現代霓虹燈下，進行一次時光旅行。在工作人員的行前與行程中仔細安排下，在出發前記得選擇一套充滿趣味且嶄新的服裝，這將為冒險增添更多樂趣。還有、還有，想玩卡丁車，記得護照、駕照正本、日文駕照譯本三項缺一不可喔。

感受沉浸式體驗樂園的魅力

2024年3月，東京的台場迎來全球首創的沉浸主題樂園「IMMERSIVE FORT TOKYO」。這座嶄新的室內主題樂園，並不只是觀賞電影、動畫或遊戲這麼簡單，而是依據不同選擇，讓觀眾成為故事中的一員，親身體驗那充滿戲劇性的瞬間。園內的多樣化設施，超過10種表演和遊樂設施以及4間特色餐廳，讓人可以盡情享受不一樣的東京。

探索哈利波特的魔法世界

東京華納兄弟哈利波特影城

開設於練馬區的舊「豐島園」上，大受全球喜愛的電影《哈利波特》、「東京華納兄弟哈利波特影城」就在這裡，佔地約9萬平方公尺，相當於2個東京巨蛋大小，讓遊客可以探索由電影製作團隊精心打造的各種場景，並親身體驗電影中的經典場面。不論是9又3/4月台、斜角巷、大禮堂、鄧不利多的辦公室等場景，都被巧妙地還原在園區內，帶給遊客沉浸式的體驗。

画像提供: 'Wizarding World'and all related names, characters and indicia are trademarks of and © Warner Bros. Entertainment Inc. – Wizarding World publishing rights © J.K. Rowling.

進入天皇家一探究竟

皇居一般見學

在英國可以參觀白金漢宮，來到東京當然就是參觀皇居。日本皇居原本為江戶城的中心，德川幕府滅亡後，於明治天皇時改成宮殿，到了二戰時期被美軍炸毀，最後才在上世紀60年代重建。這裡終日戒備森嚴，並不是能夠自由進出的地方，但近年來宮內廳開放皇居的一部份區域給事前上網申請、或是當天前往取號碼券的人參觀，讓民眾得以一探天皇的神秘住所。

參觀啤酒工廠暢快喝三杯

SUNTORY天然水啤酒工場 東京 武藏野

來東京也能參觀啤酒廠、一探美味啤酒的秘密。武藏野擁有深層地下水的好水，因此吸引SUNTORY天然水啤酒工場在此設立。推薦可以報名參加見學導覽，導覽結束後還能試喝三種不同種類的啤酒，喜歡啤酒的人絕對不能錯過。

在人工運河上划獨木舟

東京的運河不僅是都市交通的一部分，還提供了獨特的水上體驗「東京運河划艇之旅」。運河划艇之旅提供多樣化的選擇，根據季節的變化，可以欣賞櫻花盛開、紫陽花綻放、都市夜景或秋季紅葉等美景。其中，「晴空塔划艇之旅」是最受歡迎的項目。

Outdoor Sports Club ZAC

操縱大型機器人EXA

在全世界都大受歡迎的機器人動漫中，如果你也夢想過乘坐機器人，那麼在MOVeLOT就能實現這項操作機器人的體驗。你可以坐上駕駛艙，不但可以操控巨大的機器人手臂，還能進行多種操作，像是抬高、前伸，甚至是發射子彈；駕駛「EXA」就像成為像動畫中的主角一樣，是很不可思議的體驗。

MOVeLOT

赴一場teamLab佐賀牛晚宴

由提供頂級佐賀牛的Sagaya銀座和全球知名的藝術集團teamLab合作的「月花」是一處結合美食與藝術的魔幻空間。餐廳內部常設的teamLab藝術作品，季節性風景每月更換一次，呈現出四季的變化，讓用餐體驗更加豐富和生動。每道菜也都融入了當季的新鮮食材，再搭配上美酒，打造一場跨越藝術與美食的感官之旅。

MoonFlower
月花

Tips

行程安排小提醒

· **熱門點挑平日**

熱門旅遊地平常就已經夠多人了，若是遇上日本連假，人潮更多，尤其要避開日本黃金週(5月初)及新年假期(12月底~1月初)，才不會四處人擠人。

· **確認休日&預定**

心中已有必訪景點、店家清單時，別忘了確定開放時間，以免撲空。而且幾乎以上介紹大都需要預約，務必注意。

· **決定備案**

旅行途中因為天氣、交通而掃興的例子很多，不妨在排行程時多安排一些備案，如果A不行，那就去B，這樣會更順暢。

東京必備西瓜卡&PASMO 怎麼買？怎麼用？

Suica & PASMO

◎簡介

東京都內的各交通系統從2000年開始就陸續合作，現在有JR發行的Suica(西瓜卡)和地下鐵與私鐵系統發行的PASMO兩張卡片可以選擇。2013年開始，這兩張儲值卡與日本其它鐵道交通儲值卡，如Kitaca、TOICA、manaca、ICOCA、PiTaPa、SUGOCA、nimoca等在乘車功能上可互相通用，一張卡幾乎就可以玩遍日本。

◎特色

為類似台北捷運悠遊卡的儲值卡，同時並能作為電子錢包使用。雖然票價並沒有優惠，但因為可以自由換乘各線，乘坐區間廣，還能幫使用者直接算好複雜票價，因此仍廣泛受觀光客和本地人利用。

◎坐多遠

SUICA和PASMO均可在首都圈自由搭乘地下鐵、JR、公車等各種交通工具，另外還可用於JR九州、JR西日本、JR北海道、福岡交通局等區域。詳細使用區間請參考：www.jreast.co.jp/suica/area

◎哪裡買

Suica在JR東日本各車站的自動售票機和綠色窗口都能購買。自動購票機並非每台有售，要找有標明「Suica發売」或「カード」(卡)的機器購買。PASMO在各私鐵、地下鐵和公車站均可購買，自動售票機的話，一樣找有標明

「PASMO發売」或「カード」(卡)者。

近年因晶片荒，也曾暫停、減少發售，而以大推手機下載交通卡替代，基本上蘋果手機的錢包內都已經直接內建Suica、PASMO、ICOCA三張卡了，省卻安裝。使用方式詳見(隔頁P.023)影片使用說明。

◎多少錢

Suica、PASMO都包括¥1,000、¥2,000、¥3,000、¥4,000、¥5,000、¥10,000幾種金額，一樣內含¥500的保證金。

◎如何加值

在各車站有寫PASMO／Suica チャージ(charge)的自動售票機都可以按指示插入紙鈔加值，最高可加值¥20,000。

◎如何退票

在JR東日本各站綠色窗口(Suica)和各地下鐵和私鐵辦公室(PASMO)可辦理退票。取回金額是餘額扣除¥220手續費後再加上¥500保證金。如果餘額低於¥210就直接拿回¥500。但由於卡片是10年都沒用才會失效，所以許多人都不退票，而是把卡片留著，等下次赴東京旅遊再繼續使用。

在日本要如何用自動售票機買票或加值？

自動售票機圖解

Step1
在票價表找出目的地，
便可在站名旁看到所需票價。

Step2
將銅板或紙鈔投進售票機。

Step3
按下螢幕的「きっぷ購入(購買車票)」。

Step4
接著按下所選目的地票價即可。

交通儲值卡Suica

由JR東日本推出的Suica是類似台北捷運悠遊卡的儲值票卡，只要在加值機加值便能使用，如果卡片中餘額不足，無法通過改札口，則必須在精算機精算出餘額，也可以直接在精算機加值。

Step1 找到精算機
通常改札口旁都會設有精算機，上方會寫有「のりこし」和「Fare Adjustment」。

Step2 將票放入精算機

Step3 投入差額
可選擇投入剛好的差額(精算)
或儲值(チャージ)。

Step4 完成

Tips

Suica& PASMO
關東以JR發行的Suica(西瓜卡)、和地下鐵與私鐵系統發行的PASMO兩張卡片最普片，其中又以Suica卡一張卡幾乎就可以玩遍日本。可搭車也可小額支付購物，但需注意地方私鐵無法使用。
●智慧手機也能使用Suica卡，最強攻略教給你！

MOOK玩什麼

可以開旅行必備品的清單給我嗎？

旅行中，每個人所需要的東西不太相同。除了一些較私人的物品之外，這裡列出一般人會需要的東西，以供參考：

證件

☐	護照／影本
☐	身份證
☐	駕照日文譯本(依需求而定)
☐	駕照正本(依需求而定)
☐	備用大頭照2張

行程相關

☐	外幣現鈔
☐	少許台幣現鈔
☐	紙本／電子機票
☐	預訂飯店資料
☐	預訂租車資料(依需求而定)
☐	行程／地圖
☐	導覽書

電子產品

☐	手機充電線
☐	相機／記憶卡／電池
☐	行動電源
☐	筆電／平板

衣服配件

☐	上衣
☐	褲子
☐	備用球鞋
☐	襪子
☐	內衣褲
☐	外套
☐	圍巾
☐	泳衣
☐	帽子
☐	太陽眼鏡
☐	雨傘

清潔護膚用品

☐	洗臉用品
☐	牙刷／牙膏
☐	防曬乳
☐	化妝品
☐	毛巾
☐	梳子

常備雜物

☐	自己的藥
☐	腸胃藥
☐	蚊蟲咬傷用藥
☐	OK繃
☐	水壺
☐	面紙/濕紙巾
☐	環保購物袋

旅行中有什麼實用的APP？

現代人蒐集旅遊資訊，當然不能少了APP這一項，以下是到日本旅遊時實用的APP，建議大家事先安裝好，才可以隨時應變。

在日本盡情購物時苦於看不懂商品包裝和成分嗎？有了Payke，只要掃描條碼就能快速得知商品訊息，目前支援包括繁體中文、英文在內的七種語言，登錄的商品數多達35萬件，讓不會日文的外國人也能輕鬆了解商品魅力！(也可利用Google翻譯，開啟相機來偵測翻譯)

針對外國旅客推出的旅遊APP，不僅有WIFI、寄物等服務資訊，也有文化介紹，最方便的要屬轉乘搜索功能，可以直接從地圖點選車站。
※此APP檔案較大且需要簡單設定，出發前記得先安裝好。

日本氣象協會推出的APP，天氣變化、櫻花、紅葉、下雪情報都在其中，是確認天氣不可或缺的超實用程式。

可以依網友評價來判斷餐廳、咖啡廳等是否值得前往，也能直接預約餐廳。不知道吃什麼的時候，也可以用來搜尋所在地附近美食。

搭車、轉車時的好幫手。日本全鐵道系統皆支援。只要輸入出發站與目的站的日文名稱，便能提供多種交通選項，搭乘月台、車資等也都清楚標示。

旅行東京前先搞懂這張地圖

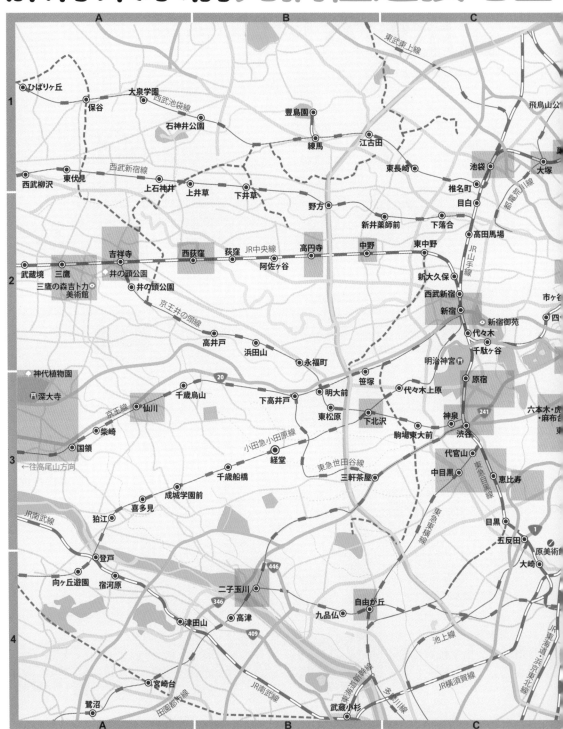

東京灣

圖例 ◉景點 ⛩神社 ✈機場 ◎公園 ◢美術館

N

東京都內
地鐵交通圖

JR埼京線
JR京浜東北線
浮間舟渡
北赤羽
赤羽
十条
新板橋
西高島平
新高島平
高島平
西台
蓮根
志村三丁目
志村坂上
本蓮沼
板橋本町
板橋区役所前
和光市
成増
下赤塚
東武練馬
上板橋
ときわ台
中板橋
大山
東武東上線
西巣鴨
板橋
下板橋
地下鉄成増
地下鉄赤塚
平和台
氷川台
小竹向原
千川
大塚
巣鴨
JR山手線
北池袋
光が丘
練馬春日町
豊島園
新桜台
要町
新大塚
茗荷谷
池袋
大泉学園
石神井公園
練馬高野台
中村橋
練馬
桜台
江古田
東長崎
椎名町
東池袋
護国寺
西武池袋線
富士見台
江戸川橋
新江古田
落合南長崎
目白
雑司ヶ谷
早稲田
武蔵関
上石神井
上井草
井荻
鷺ノ宮
野方
中井
下落合
西武新宿線
下井草
都立家政
沼袋
新井薬師前
高田馬場
神楽坂
落合
西早稲田
後楽園
三鷹
吉祥寺
西荻窪
荻窪
阿佐ヶ谷
高円寺
中野
東中野
新大久保
東新宿
若松河田
牛込神楽坂
飯田橋
大久保
牛込柳町
井の頭公園
南阿佐ケ谷
西武新宿
三鷹台
東高円寺
新中野
中野坂上
西新宿
新宿西口
新宿三丁目
市ヶ谷
久我山
新高円寺
都庁前
新宿御苑前
曙橋
富士見ヶ丘
西新宿五丁目
四谷三丁目
九段
方南町
中野富士見町
中野新橋
新宿
高井戸
信濃町
麹町
浜田山
永福町
千駄ヶ谷
四ツ谷
半蔵門
西永福
代田橋
笹塚
幡ヶ谷
初台
代々木
国立競技場
永田町
明大前
京王線
南新宿
北参道
青山一丁目
下高井戸
東松原
参宮橋
桜上水
代々木八幡
原宿
明治神宮前
外苑前
赤坂見附
松原
国会議事堂前
千歳烏山
上北沢
京王井の頭線
新代田
代々木上原
代々木公園
布田
柴崎
仙川
東北沢
調布
国領
芦花公園
八幡山
表参道
乃木坂
赤坂
溜池山王
虎ノ門ヒ
つつじヶ丘
豪徳寺
梅ヶ丘
世田谷代田
山下
小田急小田原線
下北沢
池ノ上
駒場東大前
神泉
渋谷
成城学園前
千歳船橋
宮の坂
恵比寿
六本木
六本木一丁目
喜多見
祖師ヶ谷大蔵
経堂
上町
池尻大橋
神谷
東急世田谷線
西太子堂
代官山
広尾
世田谷
松陰神社前
若林
三軒茶屋
麻布十番
二子玉川
東急田園都市線
用賀
桜新町
駒沢大学
祐天寺
目黒
白金台
白金高輪
上野毛
学芸大学
中目黒
等々力
尾山台
九品仏
都立大学
不動前
多摩川
田園調布
東急目黒線
五反田
高輪台
品川
東急東横線
自由が丘
洗足
西小山
武蔵小山
大崎広小路
大崎
緑が丘
戸越銀座
沼部
奥沢
大岡山
荏原中延
北千束
旗の台
戸越
石川台
長原
鵜の木
雪が谷大塚
洗足池
荏原町
中延
戸越公園
東急多摩川線
御嶽山
馬込
東急大井町線
下神明
下丸子
久が原
西大井
大井町
JR横須賀線・湘南新宿ライン
西馬込
武蔵新田
千鳥町
東急池上線
池上
蓮沼
矢口渡
立会川
大森
JR東海道線・京浜東北線
蒲田
大森海岸
京急蒲田
梅屋敷
大森町
平和島
雑色
京浜急行本線
糀谷
大鳥
京浜急行空港線

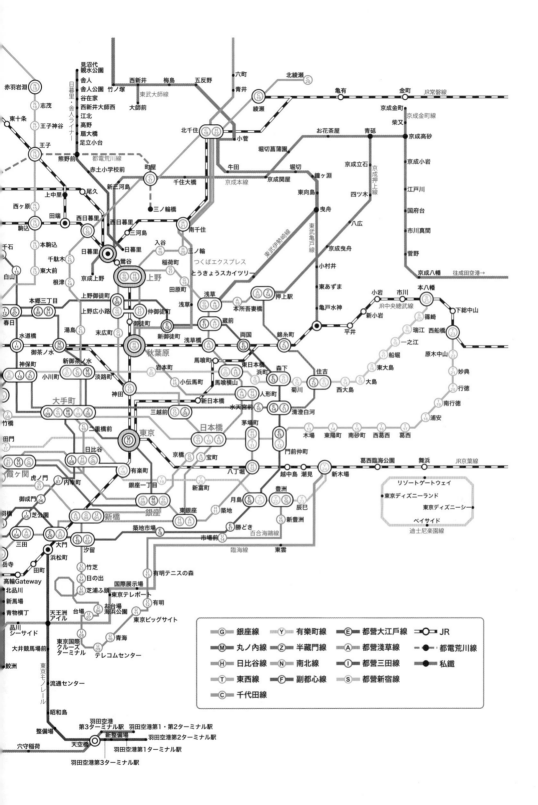

東京排行程入門指南

東京

東京這個超級大城市，不但城市人口數位居世界第一、也是日本最繁華首都，做為江戶時代以來的首都至今，歷史、經濟繁榮度不用多說，新鮮好玩新奇，通通每天在這裡發生，繁密的城市鐵道系統令人驚訝外，城市的更新速度也不遑多讓，讓人不論來幾次東京，每次都倍覺新鮮。

Q 我到東京觀光要留幾天才夠？

東京都印象一般大約都聚集在**JR山手線周邊這圈**，但其實整個東京都的範圍比你想像的更加廣大，往內陸更延伸至奧多摩山區，但先不拉遠，光在山手線這一圈認真逛起來，可能**10天都嫌不夠**。一般僅以東京為主的話，**至少要5~7天**才會玩得盡興。

Q 天氣跟台灣差很多嗎？

東京四季分明，**冬季**平均氣溫多半會在10度以下，接近0度的天候也偶爾會出現，**下雪機率不高**。春秋季則早晚溫差較大，但白日相對舒適；**夏天**近幾年燜熱狀況，**有時氣溫甚至比台灣高**，如果僅在城市間穿梭，賣場商店隨時都能避熱，倒也不用太擔憂。

Q 什麼季節去最美？

以城市型為主的東京，其實**四季皆宜**，沒有任何限制，但如果也想追追粉紅櫻花，東京倒是**有不少大型知名賞櫻名點**，像是東京御苑、中目黑川、千鳥之淵等，且都在市中心範圍內，一天內追個幾個都沒問題。

有了基本認識後，現在就來打造最適合自己的旅遊行程吧！

從機場進入東京

自從羽田與松山機場在2010年底正式通航後，台灣旅客除了成田機場外，又多了一個進入東京的新選擇。目前台灣飛東京的航線為「台北松山－羽田機場」與「台北桃園－成田機場」二段，飛羽田的好處是離都心近，交通省時又省錢；而選擇飛成田的好處是航班多，選擇的時段也多。以下介紹從兩個機場進入東京市區的交通選項全攻略。

成田機場→東京市區

成田機場位於千葉縣，距離東京市區有一定距離。但因為長時間作為主要聯外機場使用，各種交通設施十分完備，路線也標示得很清楚。進入市區主要的交通方式有JR、京成電鐵和利木津巴士，平均交通時間大概在1小時到1個半小時。

➜JR東日本

◎網址：www.jreast.co.jp，www.jreast.co.jp/multi/zh-CHT/nex/(中文)

JR東日本提供兩條路線往返機場與市區，一條是成田特快列車N'EX(成田エクスプレス"N'EX)，另一條是時間較長、票價也較便宜的總武本線快速列車。一般觀光客較常利用的是省時舒服、也方便大型行李的成田特快列車N'EX。

路線與單程價格指南

路線名	目的地	時間	價格(乘車券＋普通車廂指定席特急券)
成田特快列車N'EX	東京	約56分	￥3,070
	品川	約64分	￥3,250
	澀谷	約75分	
	新宿	約81分	

※6~12歲小學生半價

優惠套票：N'EX東京去回車票

成田特快列車N'EX推出針對外國觀光客的特別組合套票，內容為N'EX來回票。普通車廂指定席東京來回票為￥6,140，但N'EX往返機場~東京·首都圈JR車站來回車票只要￥5,000，即能在14天內搭乘去程與回程各一趟。

◎價格：N'EX往返機場~東京·首都圈JR車站來回車票大人￥5,000、6~11歲￥2,500

◎購買：抵達日本後可在成田機場第一和第二航廈的JR東日本旅遊服務中心(JR EAST Travel Service Center)出示護照購買，或是至有護照讀取功能的JR東日本指定席售票機購票，另亦可在JR東日本官網訂票再到有護照讀取功能的指定席售票機取票

◎網址：www.jreast.co.jp/multi/zh-CHT/pass/nex.html

◎備註：若目的地並非N'EX停靠站，只要不出站，即可另外轉乘JR普通車至指定區域中任一站下車。(範圍在大東京區域，詳見官網)

➜京成電鐵

◎網址：www.keisei.co.jp，www.keisei.co.jp/keisei/tetudou/skyliner/tc/index.php(中文)

京成電鐵分為成田SKY ACCESS線(成田スカイアクセス線)和京成本線兩條路線，成田SKY ACCESS線又有Skyliner和ACCESS特快(アクセス特急)2種車，距離較近，速度也快。京成本線則有Morningliner、Eveningliner和快速特急、通勤特急、特急、快速、普通車。

利用Skyliner的訪客，皆可在京成Skyliner車內和成田機場第1候機樓站、成田機場第2·第3候機樓站、成田站、佐倉站、八千代台站、船橋站、青砥站、日暮里站、上野站等免費使用KEISEI FREE Wi-Fi，無須設立帳密便可直接連線上網。

路線與單程價格指南

往	由機場					
	成田SKY ACCESS線		京成本線			
	Skyliner(車票＋liner券)	ACCESS特快	特急	快速特急	快速	Morningliner/Eveningliner(車票＋liner券)
日暮里	約39分￥2,580	約53分￥1,280	約75分￥1,060	約80分￥1,060	約90分￥1,060	約74分￥1,510
上野	約46分￥2,580	約60分￥1,270	約80分￥1,060	約85分￥1,060	約95分￥1,060	約80分￥1,510
品川		約85分￥1,630(京急線利用)				

※6~12歲小學生半價

優惠套票：Keisei Skyliner & Tokyo Subway Ticket

此套票可分為Skyliner單程、去回兩種，再各自搭配24/48/72小時地下鐵乘車券，價格不同，讓人可以依自己的行程搭配使用。可在Skyliner售票窗口售票處購買，部分台灣旅行社也有代售。

◎**價格**：Skyliner單程＋地下鐵1日券大人￥2,900，Skyliner單程＋地下鐵2日券大人￥3,300，Skyliner單程＋地下鐵3日券大人￥3,600。Skyliner來回＋地下鐵1日券大人￥4,900、Skyliner來回＋地下鐵2日券大人￥5,300、Skyliner來回＋地下鐵3日券大人￥5,600；6-12歲兒童半價

◎**購買**：抵達日本後可在成田機場第一和第二航廈的Skyliner售票處、Skyliner & Keisei Information Center、成田機場第一航廈旅遊中心，出示護照即可購買，也可先於官網購票、台灣旅行社或kkday、klook購票

◎**網址**：www.keisei.co.jp/keisei/tetudou/skyliner/e-ticket/zht/

◎**注意**：於台灣旅行社購買的票券，需先至Skyliner售票處換成搭車時用的車票

➡**京成巴士(京成バス)**

◎**網址**：www.keiseibus.co.jp

京成巴士提供自成田國際機場直達東京站、池袋站、葛西站等東京都市區內的高速巴士，除東京市區外，也提供直達千葉縣(幕張)、神

奈川縣(橫濱)等高速巴士,可在成田機場內的京成巴士乘車券販售櫃台,或是官網先行購買車票。

路線與單程價格指南

路線名	目的地	時間	價格
京成巴士	エアポートバス東京・成田(東京成田空港線)	約90分	¥1,300
			23:00~凌晨4:59 ¥2,300
	小岩駅~成田空港	約90分	¥1,600
	池袋成田空港線(成田シャトル池袋線)	約100分	¥2,300
	海浜幕張駅(千葉海濱幕張車站)、幕張メッセ中央(幕張展覽館)	約50分	¥1,200
	横浜YCAT(橫濱市航空總站)~成田空港	約110分	¥3,700

※6~12歲小學生半價

為The Access成田(THEアクセス成田)及京成巴士共同合作來往成田機場及東京車站・銀座的路線巴士,為全席自由座,詳情可至以下網站查詢。

◎網站:tyo-nrt.com

➡️利木津巴士(リムジンバス)
◎網址:webservice.limousinebus.co.jp/web
利木津巴士連接成田空港第1航廈「成田空港駅」、第2及第3航廈「成田第2ビル駅」與新宿車站、東京車站、東京城市航空總站和橫濱巴士航空總站,並直達新宿、東京、池袋、銀座、汐留、澀谷、品川、赤坂等各地的主要車站和特約飯店。不過依照交通狀況,所需時間較不固定。

路線與單程價格指南

路線名	目的地	時間	價格
利木津巴士	新宿地區	約85~145分	¥3,600
	池袋地區	約75~140分	
	日比谷・銀座地區	約75~130分	
	六本木地區	約75~125分	
	惠比壽・品川地區	約60~155分	

※6~12歲小學生半價

優惠套票:Limousine & Subway Pass
東京Metro、都營地下鐵一日和利木津巴士單程或來回票的組合套票。

◎價格:單程+地下鐵1日券大人¥4,000、來回+地下鐵2日券大人¥7,200、來回+地下鐵3日券大人¥7,500;6~12歲兒童半價
◎購買:可在成田機場入境大廳(二、三日券的套票日本只在機場販售)、新宿駅西口、新宿高速巴士總站和T-CAT(東京城市航空總站) 3樓的利木津巴士櫃台購買,另台灣也有代售旅行社可事先購買,抵達日本後持票券至售票處劃位即可
◎網址:www.limousinebus.co.jp/guide/en/ticket/subwaypass/

羽田機場→東京市區

與台北松山對飛的羽田機場位於東京市內,距離JR山手線上的轉運車站僅20分。嶄新的羽田國際線航廈不但充滿設計感,交通上也只要20分鐘就能抵達山手線的車站,比起成田機場,離市區近上不少。主要的交通選項有東京單軌電車、京急電鐵和利木津巴士。

➡️東京單軌電車(東京モノレール)
◎網址:www.tokyo-monorail.co.jp/tc(中文)
連接羽田機場與JR山手線上浜松町駅;分為機場快速線、區間快速線與普通車三種,價格都一樣,搭乘機場快速線由國際航廈到到浜松町駅最短時間為13分。

路線與單程價格指南

路線名	目的地	時間	價格
機場快速線	浜松町	約13分	¥520
區間快速線	浜松町	約15分	¥520
	天王洲アイル	約10分	¥390
普通車	浜松町	約18分	¥520

※6~12歲小學生半價

優惠套票：モノレール&山手線內割引きっぷ
週六日及例假日及特定假日發售，從羽田機場到JR山手線上的任一站下車，限單程一次，從機場內的自動售票機即可購買。

◎**價格：**大人¥540、6~12歲¥270

➤京急電鐵

◎**網址：**www.haneda-tokyo-access.com/tc(中文)
連接羽田機場與JR山手線上的品川駅，因為與都營地下鐵直通運行，因此也可以不換車一路前往新橋、日本橋、淺草。至品川最短時間為12分。

路線與單程價格指南

路線名	目的地	時間	價格
京急電鐵	品川	約12分	¥330
	日本橋	約30分	¥590
	淺草	約36分	¥650
	押上(東京晴空塔)	約39分	¥650
	橫濱	約26分	¥400

※6~12歲小學生半價

優惠套票：歡迎東京地下鐵票(WEILCOME! Tokyo Subway Ticket)
京急電鐵從羽田機場第一‧第二航廈站～泉岳寺站的來回票，與交通儲值卡PASMO PASSPORT結合，以優惠的價格提供給訪日外國旅客。套票票券分為24、48、72小時，若剛好要購入PASMO PASSPORT的人值得一買！

◎**價格：**24小時大人¥1,400，48小時大人¥1,800，72小時大人¥2,100；6~12歲兒童半價
◎**備註：**需一併購買交通儲值卡PASMO PASSPORT¥2,000(押金¥500+可用金額¥1,500)
◎**購買：**至京急旅遊服務中心購買，購買時需

出示護照

➤利木津巴士(リムジンバス)

◎**網址：**webservice.limousinebus.co.jp/web
利木津巴士連接羽田機場與新宿車站、東京車站、東京城市航空總站，並直達新宿、池袋、銀座、品川、赤坂等各地的特約飯店。

路線名	目的地	時間	單程價格
利木津巴士	東京城市航空總站(シティエアターミナルT-CAT)	約45分	¥1,000
	東京駅	約55分	¥1,000
	豐洲駅	約35分	¥900
	新宿地區	約55分	¥1,400
	池袋地區	約70分	¥1,400
	東京迪士尼樂園度假區	約30分	¥1,300

※6~12歲小學生半價

優惠套票：Limousine & Subway Pass
東京Metro、都營地下鐵一日和利木津巴士單程或來回票的組合套票。

◎**價格：**單程+地下鐵1日券大人¥2,100、來回+地下鐵2日券大人¥3,800、來回+地下鐵3日券大人¥4,100；6-12歲兒童半價
◎**購買：**可在羽田機場抵達大廳的巴士售票櫃台(二、三日券的套票日本只在機場販售)、新宿駅西口、新宿高速巴士總站和T-CAT(東京城市航空總站) 1樓的利木津巴士櫃台購買

➤京急巴士

除了利木津巴士還可利用京急巴士連結羽田機場進入東京都心，前往東京車站、澀谷駅、二子玉川、東京晴空塔、吉祥寺駅等方向，皆能使用京急巴士。

路線名	目的地	時間	單程價格
利木津巴士	東京晴空塔	約60分	¥1,000
	東京駅	約55分	¥1,000
	澀谷地區	約60分	¥1,100
	二子玉川	約55分	¥1,200
	吉祥寺駅	約80分	¥1,300

※6~12歲小學生半價

東京都的東西南北
馬上看懂

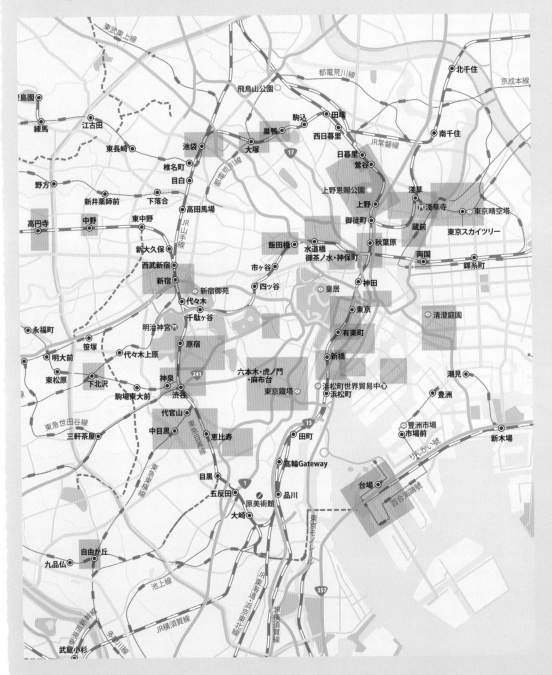

市中心重點分區、特色秒懂！

東京都總共有23區，跨出東京灣往太平洋，有十多個島嶼外，往內陸延伸更遠至八王子及奧多摩、高尾山等山地區域一帶，也都是體驗不同於大都會風格的優勝美地。但其實光市中心區域，就讓人逛到欲罷不能了，也是最吸引人的地方。

基本上初階者，鎖定中心區域為主，先認識都市中心幾個重點區域、理解相關位置，才能方便路線規劃與鐵路的串聯；稍進階者，則可跨出山手線區域，往外延伸；東京拜訪N次的人，則可以試試郊山或主題之旅，跟著東京人一起過過休日旅行。

❶淺草、藏前、兩國：
以隅田川串連起來的這一帶，以淺草為首，做為江戶年代最熱鬧的城下町代表，雖然現在街區建築也許嗅聞不到太多老建築風貌，但遺留下來的生活風格、飲食、商店、寺院、祭典等，都將老江戶遺風繼續在此傳達。

❷上野、日暮里、谷根千、秋葉原、神保町：
這幾個以鐵道串聯的鄰近區域，以上野、秋葉原最受曯目，光一個上野公園內設施就精彩到一天逛不完，令人驚奇，周邊還有谷根千、日暮里的老派悠閒包圍。秋葉原的動漫發展出的御宅族文化、AKB的活潑動感，但一旁的神保町卻是老書街的書卷氣質，很衝突、卻也很日本。

❸東京、有樂町、銀座、日本橋：
想身體感受什麼叫做東京紳士、女士的優雅生活感，來這邊就對了。緊鄰著皇家的皇居庭園外的這一帶，總有自成一格的優雅派頭，沒有令人目不轉睛的青少年搞怪噱頭、色彩，這裡永遠散發一種優雅自信與自在。

❹澀谷、原宿、青山、表參道：
以步行就能串連的這一大區，最能代表東京潮流，甚至是日本流行，幾乎就是這裡說了算！不論是青少年的原宿、年輕與高中女生潮流聖地澀谷、日本設計優雅青山、世界潮牌的表參道，從服裝、每季穿搭、店鋪型態、美食風格，幾乎都能變成全國話題。

❺新宿：
如果你手上列了滿滿一串必購清單，但時間真的很緊湊，衝這裡就對了！滿滿的各式百貨、電器街、藥妝、來自日本全國與世界的店鋪，不論買的、吃的，大都會來這裡插旗，真的沒有找不到、只有不知道店在哪裡的困擾。

❻池袋、大塚、巢鴨：
喧鬧中帶點悠閒、新奇中穿插著老派慢調，這一帶就是這麼有趣。池袋是個年輕娛樂性滿滿的地方，巢鴨有著東京市中心難得的老街氣息，大塚低調安靜的白日，晚上卻又翻身、滿滿年輕人愛來暖連街喝上一杯。

東京地鐵感覺好複雜，求懶人包！

東京都心的交通大多脫離不了山手線。要說山手線是在東京旅遊的入門基本線路一點也不為過。山手線的車次多，且每一站的距離都很近，很難有坐錯車的機會。而要從山手線連接其他它線路也十分方便，基本上，東京都心各個景點離山手線的車程都在10分鐘之內，要弄懂東京都心的交通，認識山手線是基本功課。

當然，東京好吃好玩地方這麼多，有些也不會剛好都在山手線上，那麼利用四通八達、宛如微血管般串流在整個東京都區域的地下鐵、都營電車或是私鐵，則是讓自己不至於走到腳斷的好幫手。當然除了JR、還有那麼多的地鐵路線，也不可能全部記得住，那麼就以旅遊中最常利用得到的JR山手線，加上4條常用地下鐵、都電，輕輕鬆鬆玩東京吧！

在東京搭地鐵前， 先搞懂這一張！

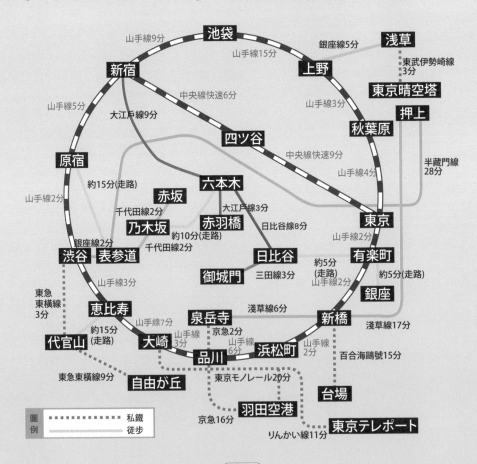

山手線

JR山手線是屬於JR東日本的運行系統，主要運行區間是東京都內中心部一圈，連接澀谷、原宿、新宿、池袋等東京最IN的旅遊景點，雖然一些新興的景點不見得會座落在山手線上，但只要是想去的地方，從山手線上一定都找得到轉車站，是遊覽東京都的最佳交通利器。其實依照日本國土交通省鐵道區出版的《鐵道要覽》一書，實際是從港區的品川駅為起點，經由新宿、池袋到田端的這一段才是山手線。而從田端到品川則是由東北本線與東海道本線共通組成。但我們還是依其實際運行一圈的區間將之稱為山手線。

山手線二三事

1-Data
起訖站發車時間：外環首班車4:25池袋發車，末班車0:21到達池袋；內環首班車4:34池袋發車，末班車0:31到達池袋。約每3~6分鐘一班車。
- 起訖點：東京~東京
- 通車年份：1925年開始環狀運行
- 車站數：30站　總長度：34.5km

2-逆時針的「內回り」和順時針「外回り」
山手線是環狀行駛，因此有順時針方向的路線、也有反時針方向的路線，如果光看月台指標還傻傻分不清楚，不妨聽聲、看月台門辨視；男生廣播(或月台門上是雙條綠色線)是「外回り」(順時針)。女生廣播(或月台門上是單條綠色線)是「內回り」(反時針)，記起來喔。
- 「內回り」：由大崎→品川→東京→秋葉原→上野→日暮里→池袋→新宿→原宿→澀谷→大崎。
- 「外回り」：由大崎→澀谷→原宿→新宿→池袋→日暮里→上野→秋葉原→東京→品川→大崎。

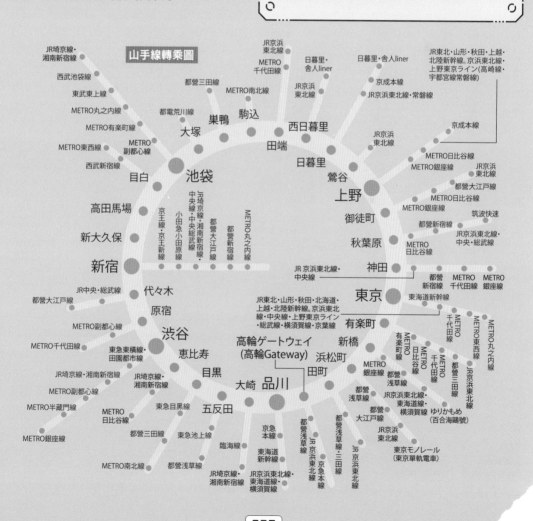

山手線轉乘圖

➡東京駅

東京駅是東京與其他地方縣市聯繫的交通樞
紐。通往各地的新幹線皆由此站出發，每天來
往的旅客人數就超過180萬人次。車站主體的
文藝復興式紅磚建築已有百年歷史，而一旁
的丸之內則是新興的商業辦公區，以丸大樓、
KITTE為首，這個辦公區漸漸轉變為精緻的購
物商圈。

出口

◎**丸之內**：大手町方面、丸善ORZO
◎**丸之內中央口**：皇居、新丸大樓
◎**丸之內南口**：HATO BUS、KITTE、丸大樓、
皇居、馬場先門、三菱一號美術館
◎**八重洲北口**：日本橋方面、黑塀橫丁
◎**八重洲中央口**：八重洲地下街、東京駅一番
街
◎**八重洲南口**：京橋方面、八重洲地下街、長
途巴士轉運站、東京中城八重洲

➡上野駅

上野是山手線上重要的轉運大站，可由此搭
乘新幹線至東北、新潟、長野等地。占地寬廣
的上野公園裡有博物館、美術館與動物園，隨
時可見人們親近自然，欣賞展覽。走近熱鬧非
凡的阿美橫丁商店街，則被店家的吆喝聲團
團包圍，人手一袋新鮮漁獲、乾果，交織出元
氣十足的東京面貌。

出口

◎**中央改札**：昭和通、中央通、atre上野、阿
美橫丁
◎**公園改札**：上野公園、上野動物園、國立博

物館、東京藝術大學
◎**入谷改札**：昭和通
◎**不忍改札**：不忍池、西鄉銅像、阿美橫丁、京
成上野駅

➡池袋駅

池袋是集購物、美食、交通、住宿於一身的超
強生活機能城市：擁有54個地下街出口的池
袋駅是JR、三條地下鐵、東武東上線、西武池
袋線等多條交通動線的交會點，車站內更結
合西口的東武百貨、東口的西武百貨以及車
站地下購物街Echika，東口通往主要購物商城
太陽城的沿路更是熱鬧。

出口

◎**南改札**：西池袋方面、東京藝術劇場、明治
通
◎**中央1改札**：西池袋方面、太陽城方面、
Green大道方面
◎**中央2改札**：Information Center、西池袋方
面、太陽城方面
◎**北改札**：東池袋方面、明治通方面

➡新宿駅

新宿駅是JR山手線上轉乘通往四方的重要樞
紐，光是進出JR車站的人每天就超過380萬人
次，位居JR東日本的第一大站，更遑論還有小
田急、京王或都營地下鐵等四通八達的其他
路線通過。交通便利的新宿成為百貨大店的
兵家必爭之地，為集逛街購物、餐廳與娛樂於
一身的超級景點。

出口

◎**西改札、中央西改札**：青梅街道、東京都

廳、小田急百貨、京王百貨

◎**東改札、中央東改札**：歌舞伎町方面、新宿通、LUMINE EST、丸井0101百貨

◎**南改札**：明治通、甲州街道、新宿御苑、LUMINE 1,2

◎**東南改札**：甲州街道、新宿御苑、LUMINE 2

◎**新南改札**：新宿高速巴士總站(バスタ新宿)、甲州街道、Suica企鵝廣場、高島屋百貨TIME SQUARE、NEWOMan

◎**未來塔改札(ミライナタワー改札)**：NEWOMan

➜原宿駅

當電車行經原宿駅的時候，映入眼簾的不是五顏六色的霓虹招牌，而是蓊鬱濃綠的樹林，原宿駅得天獨厚的背倚大片林間綠茵，享有都市中難得的清新空氣與寧靜。過去遊原宿一般會從年輕人最愛的竹下通開始，不過倘若你是注重時尚的熟男熟女，可以直攻青山與表參道。

出口

◎**表參道口**：明治通、表參道、明治神宮、代代木公園、太田記念美術館

◎**竹下口**：竹下通

➜澀谷駅

澀谷是東京最年輕的潮流文化發信中心，熱鬧的十字路口有著大型螢幕強力放送最新最炫的音樂，種類豐富的各式商店和百貨，是逛街買物的好去處，要想填飽肚子，便宜迴轉壽司、拉麵店、燒肉店等超值美味也不少。澀谷也是小眾文化的重鎮，地下音樂、藝術電影還有Live Band，都可以在此找到。

出口

◎**八チ公改札**：八公前廣場、西武百貨、澀谷109、QFORNT、井之頭通、西班牙坂、澀谷中央街

◎**玉川改札**：京王井之頭線、澀谷MarkCity、往成田/羽田機場巴士搭車處

◎**中央改札**：埼京線·湘南新宿線、東急百貨東横店

◎**南改札東口**：澀谷Hikarie、市區路線巴士站、計程車招呼站

➜品川駅

從位置上來看，品川幾乎已經是山手線上最南端的車站。這裡的鐵道開發甚早，在江戶時代就已是重要驛站的品川地區，可以說是東京與橫濱間的交通玄關，再加上直達羽田機場的京急線也在此，越發突顯品川在車站功能上的重要性。而結合車站與購物機能的大樓林立，轉車也不怕沒地方去。

出口

◎**高輪口(西口)**：京急線(可往羽田機場)轉乘口、計程車招呼站、品川王子飯店群、品川巴士總站

◎**港南口(東口)**：東京單軌電車車站「天王洲島站」、atre品川

銀座線、淺草線、丸之內線、大江戶線

利用JR山手線，環繞一圈，記憶各站點位置相當單純又簡單，雖然大部分的熱門點，都能抵達，但缺點就是如果只用山手線，會有幾個熱門站點到不了，像是淺草、六本木、東京鐵塔、築地、兩國等。另外像是想從新宿到東京，如果只利用山手線，得繞個大半圈很耗時間，但丸之內線切中線直達，真的快多了，而且密密麻麻的車站點，也替走到失去知覺的雙腳，提供更接近目的地的方式。以下這4條路線，也是觀光客很常利用的路線，很適合好好的善用喔。

➔銀座線
◎重要車站：澀谷、表參道、赤坂見附、新橋、銀座、日本橋、上野、淺草

➔淺草線
◎重要車站：淺草、日本橋、東銀座、新橋

➔丸之內線
◎重要車站：新宿、赤坂見附、銀座、東京、後樂園、池袋

➔大江戶線
◎重要車站：都廳前、六本木、汐留、築地市場、月島、飯田橋

‧認識直通運轉

各位在研究東京的地鐵電車時，常會看到「直通運轉」這個詞，原來這指的是不同鐵路公司或不同車班的路線相互連接，擴大鐵道使用範圍的情況。舉例來說，半藏門線的終點站是澀谷，但仍以直通運轉的方式，原車到澀谷後直接變成東急列車，沿著東急田園都市線的路線繼續前進。這樣就可以不用出站換車，可以繼續搭到目的地了，是不是很方便呢？但不是每條路線都有，搭乘前務必注意。

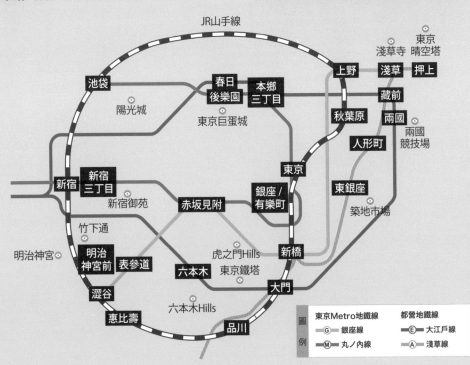

JR山手線

池袋　陽光城

春日後樂園　本鄉三丁目　東京巨蛋城

上野　淺草寺　東京晴空塔　淺草　押上

藏前　秋葉原　兩國　兩國競技場　人形町

新宿　新宿三丁目　新宿御苑　赤坂見附　東京　銀座／有樂町　東銀座　築地市場

竹下通　明治神宮　明治神宮前　表參道　虎之門Hills　新橋　六本木　東京鐵塔　大門

澀谷　六本木Hills　惠比壽　品川

圖例	東京Metro地鐵線		都營地鐵線	
	Ⓖ	銀座線	Ⓔ	大江戶線
	Ⓜ	丸ノ內線	Ⓐ	淺草線

如何搭乘地鐵

❶購買車票

看好路線表上的價錢後，可以直接在自動售票機買票。如果覺得不會用，可以到綠色窗口用簡單的英文或紙筆購買。持SUICA或PASMO的人則不需再買票。

❷進站

將車票放進改札口，如果有特急券的話可能會有2張甚至3張票，一次放進改札口後，通過取票即可。持SUICA或PASMO的人則感應票卡即可。

❸尋找月台

知道搭乘路線後，尋標示可以找到正確的月台。

❹確認車次

月台上的電子看板會顯示車次相關資訊，記得看清楚免得搭錯車。

❺確認等車的位置

雖然各地標示不同，但月台上都會有指標告訴你各種列車停車的位置。普通列車可自由從各車廂上下車。如果是自由席／指定席的話記得找到該車廂。而車輛編列的不同也會影響乘車位置，要注意。

❻乘車

一般電車、如山手線等普通列車，可自由從任何車廂上下車。如果有指定席的話，要找到自己的座位，按照位置上的編號坐下。持普通車票無法乘坐對號車，要注意別上錯車了。

❼確定下車站

大多的列車上會有電子看板顯示，記得下車站名的漢字就沒問題。另外到站前車內也會有廣播，不過除了往來機場的列車之外，一般車都只有日文廣播，熟記下車站的發音也可以避免下錯車站。

東京景點快速轉車表

目的地 出發地	東京·丸之內	新宿	池袋
東京·丸之內		在東京駅搭JR中央線，約14分能達	在東京駅搭Metro丸の内線約17分能達
新宿	搭JR中央線，約14分能達東京駅		搭JR山手線(外回り)約9分能達
池袋	搭Metro丸の内線約17分能達東京駅	搭JR山手線(內回り)約8分能達	
上野	搭JR山手線(外回り)約8分能達東京駅	搭JR山手線(內回り)約24分能達	搭JR山手線(內回り)約15分能達
澀谷	搭JR山手線(內回り)約23分能達東京駅	搭JR山手線(外回り)約6分能達	搭JR山手線(外回り)約15分能達
銀座	搭Metro丸の内線約3分能達東京駅	搭Metro丸の内線約16分能達	搭Metro丸の内線約19分能達
淺草	搭Metro銀座線於神田駅轉乘JR山手線(外回り)約17分能達東京駅	搭都營淺草線於 草橋駅轉搭JR總武線，約29分能達	搭Metro銀座線至上野駅，轉搭JR山手線(內回り)共約30分能達
六本木	搭Metro日比谷線至霞ヶ関駅轉乘Metro丸の内線約14分能達東京駅	搭乘都營大江戶線，約9分能達	搭Metro日比谷線至霞ヶ関駅轉乘Metro丸の内線約30分能達
築地市場	於築地市場駅搭都營大江戶線達汐留駅，徒步至新橋駅搭JR山手線(內回り)約16分能達東京駅	於築地市場駅搭乘都營大江戶線，約20分能達	於築地駅搭Metro日比谷線至銀座駅轉乘Metro丸の内線，共約26分能達
東京鐵塔	於赤羽橋駅搭都營大江戶線至大門駅，徒步到浜松町駅轉搭JR山手線(內回り)約14分能達東京駅	於赤羽橋駅搭乘都營大江戶線，約13分能達	於赤羽橋駅搭Metro大江戶線，在代々木駅轉搭JR山手線(外回り)共約30分能達
明治神宮	在原宿駅搭JR山手線(內回り)約25分能達東京駅	在原宿駅搭JR山手線(外回り)約3分能達	在原宿駅搭JR山手線(外回り)約12分能達
台場	搭百合海鷗號至新橋駅，轉搭JR山手線(內回り)約27分能達東京駅	搭百合海鷗號至汐留駅轉搭都營大江戶線，共約35分能達	搭百合海鷗號於新橋駅轉搭JR山手線(內回り)共約50分能達
井之頭公園	在吉祥寺駅搭JR中央線約30分可達東京駅	在吉祥寺駅搭JR中央線約20分可達	在吉祥寺駅搭JR中央線至新宿駅轉搭JR山手線(外回り)，共約29分可達
東京迪士尼	在舞浜駅搭JR京葉線約16分能達東京駅	於舞浜駅搭JR京葉線至東京駅搭轉JR中央線，約30分能達	從舞浜駅搭JR京葉線至東京駅再轉搭Metro丸の内線，共約30分能達

本表使用方法：1.在表的左列找出現在地 2.找出表上列的目的地 3.兩列交錯處即是連結兩地的交通資訊

上野	澁谷	銀座	淺草
在東京駅搭JR山手線(內回り)約8分能達	在東京駅搭JR山手線(外回り)約23分能達	在東京駅搭Metro丸の内線約3分能達	在東京駅搭JR山手線(內回り)於神田駅轉乘Metro銀座線約17分能達
搭JR山手線(外回り)約24分能達	搭JR山手線(內回り)約6分能達	搭Metro丸の内線約16分能達	搭JR總武線於淺草橋駅轉搭都營淺草線,約29分能達
搭JR山手線(外回り)約15分能達	搭JR山手線(內回り)約15分能達	搭Metro丸の内線約19分能達	搭JR山手線(外回り)至上野駅,轉搭Metro銀座線共約30分能達
	搭Metro銀座線約27分能達	搭Metro銀座線約11分能達	搭Metro銀座線共約6分能達
搭Metro銀座線約27分能達		搭Metro銀座線約15分能達	搭Metro銀座線約32分能達
搭Metro銀座線約11分能達	搭Metro銀座線約15分能達		搭Metro銀座線約17分能達
搭Metro銀座線共約6分能達	搭Metro銀座線約32分能達	搭Metro銀座線約17分能達	
搭Metro日比谷線共約25分能達	搭都營大江戶線至青山一丁目駅轉搭Metro銀座線,共約10分能達	搭Metro日比谷線共約9分能達	搭都營大江戶線至大門駅,轉搭都營淺草線約25分能達
於築地駅搭Metro日比谷線約13分能達	於築地市場駅搭都營大江戶線至青山一丁目駅轉搭Metro銀座線,共約23分能達	於築地駅搭Metro日比谷線約4分能達	於築地駅搭Metro日比谷線至上野駅,轉搭Metro銀座線共約20分能達
於赤羽橋駅搭都營大江戶線至大門駅,徒步達浜松町駅轉搭JR山手線(內回り),約23分能達	於赤羽橋駅搭都營大江戶線至青山一丁目駅轉搭Metro銀座線,共約15分能達	於赤羽橋駅搭都營大江戶線至六本木駅轉搭Metro銀座線,共約19分能達	於赤羽橋駅搭都營大江戶線至大門駅,轉搭都營淺草線約20分能達
在原宿駅搭JR山手線(外回り)約30分能達	在明治神宮前駅搭Metro副都心線約2分能達	在原宿駅搭JR山手線(內回り)至渋谷駅轉搭Metro銀座線約20分能達	在明治神宮前駅搭Metro千代田線至表參道駅,轉搭Metro銀座線共約35分能達
搭百合海鷗號於新橋駅轉搭JR山手線(內回り)共約35分能達	搭百合海鷗號至新橋駅轉搭Metro銀座線,共約30分能達	搭百合海鷗號至新橋駅轉搭Metro銀座線,共約20分能達	搭百合海鷗號至新橋駅轉搭都營淺草線,共約30分能達
在井の頭公園駅搭京王井の頭線至渋谷再轉搭Metro銀座線,約1小時能達	在井の頭公園駅搭京王井の頭線,約24分能達	在井の頭公園駅搭京王井の頭線至渋谷駅轉搭Metro銀座線,約40分能達	從吉祥寺駅搭JR中央線至神田駅,再轉Metro銀座線,共約50分能達
在舞浜駅搭JR京葉線至東京駅,轉搭JR中央線約33分能達	在舞浜駅搭JR京葉線至東京駅,轉搭JR山手線(外回り)約50分能達	在舞浜駅搭JR京葉線至八丁堀駅轉搭Metro日比谷線,約25分能達	在舞浜駅搭搭JR京葉線至八丁堀駅,轉搭Metro日比谷線至上野駅再轉搭Metro銀座線,約50分能達

目的地 / 出發地	六本木	築地市場	東京鐵塔
東京丸之內	在東京駅搭Metro丸の內線至霞ヶ関駅轉乘Metro日比谷線約14分能達	在東京駅搭JR山手線(外回り)達新橋駅,徒步至汐留駅搭都營大江戶線約16分能達築地市場駅	在東京駅搭JR山手線(外回り)達浜松町駅,徒步至大門駅搭都營大江戶線約14分能達赤羽橋駅
新宿	搭乘都營大江戶線,約9分能達	搭乘都營大江戶線,約20分能達築地市場駅	搭乘都營大江戶線,約13分能達赤羽橋駅
池袋	搭Metro丸の內線至霞ヶ關駅轉乘Metro日比谷線約30分能達	搭Metro丸の內線至銀座駅轉乘Metro日比谷線共約26分能達築地駅	搭JR山手線(內回り)至代々木駅轉搭Metro大江戶線,共約30分能達赤羽橋
上野	搭Metro日比谷線共約25分能達	搭Metro日比谷線共約13分能達築地駅	搭JR山手線(外回り)達浜松町駅,徒步至大門駅搭都營大江戶線約23分能達赤羽橋駅
澀谷	搭Metro銀座線至青山一丁目駅轉搭都營大江戶線,共約10分能達	搭Metro銀座線至青山一丁目駅轉搭都營大江戶線,共約23分能達築地市場駅	搭Metro銀座線至青山一丁目駅轉搭都營大江戶線,共約15分能達赤羽橋
銀座	搭Metro日比谷線共約9分能達	搭Metro日比谷線共約4分能達築地駅	搭Metro銀座線至六本木駅轉搭都營大江戶線,共約19分能達赤羽橋駅
淺草	搭都營淺草線至大門駅,轉搭都營大江戶線約25分能達	搭Metro銀座線至上野駅,轉搭Metro日比谷線共約20分能達築地駅	搭都營淺草線至大門駅,轉搭都營大江戶線約20分能達赤羽橋駅
六本木		搭Metro日比谷線,約13能達築地駅	搭都營大江戶線約3分能達赤羽橋駅
築地市場	於築地駅搭Metro日比谷線,約13分能達		於築地市場駅搭都營大江戶線,約6分能達赤羽橋駅
東京鐵塔	於赤羽橋駅搭都營大江戶線約3分能達	於赤羽橋駅搭都營大江戶線,約6分能達築地市場駅	
明治神宮	在原宿駅搭JR山手線(內回り)至恵比寿駅轉搭Metro日比谷線,共約15分能達	於原宿駅搭JR山手線(外回り),至代々木駅轉搭都營大江戶線共約20分能達築地市場駅	於原宿駅搭JR山手線(外回り)至代々木駅轉搭都營大江戶線,共約20分能達赤羽橋駅
台場	搭乘百合海鷗號至汐留駅轉都營大江戶線,共約35分能達	搭百合海鷗號至汐留駅轉搭都營大江戶線,共約20分能達築地市場駅	搭百合海鷗號至汐留駅轉搭都營大江戶線,共約30分能達赤羽橋駅
井の頭公園	在吉祥寺駅搭JR總武線至代々木駅,轉乘都營大江戶線,共約30分能達	於吉祥寺駅搭JR中央線至新宿駅,轉搭都營大江戶線,共約40分能達築地市場駅	於吉祥寺駅搭JR總武線至代々木駅轉搭都營大江戶線,共約40分能達赤羽橋駅
東京迪士尼	在舞浜駅搭JR京葉線至八丁堀駅再轉搭Metro日比谷線,約30分能達	於舞浜駅搭JR京葉線至八丁堀駅,轉搭日比谷線,約15分能達築地駅	於舞浜駅搭JR京葉線至新木場駅,轉Metro有樂町線到月島駅,再轉搭都營大江戶線,約30分能達赤羽橋駅

明治神宮	台場	井之頭公園	東京迪士尼
在東京駅搭JR山手線(外回り)約25分能達原宿駅	在東京駅搭JR山手線(外回り)達新橋駅轉搭百合海鷗號共約27分能達	在東京駅搭JR中央線約30分可達吉祥寺駅	在東京駅搭JR京葉線約16分能達舞浜駅
搭JR山手線(內回り)約3分能達原宿駅	搭乘都營大江戶線至汐留駅轉搭百合海鷗號共約35分能達	搭JR中央線約20分可達吉祥寺駅	搭JR中央線至東京駅，轉搭JR京葉線約30分能達舞浜駅
搭JR山手線(內回り)約12分能達原宿駅	搭JR山手線(外回り)於新橋駅轉搭百合海鷗號共約50分能達	搭JR山手線(內回り)至新宿駅轉搭JR中央線，共約29分可達吉祥寺駅	搭Metro丸の内線至東京駅再轉搭JR京葉線，共約30分能達舞浜駅
搭JR山手線(內回り)約30分能達原宿駅	搭JR山手線(外回り)於新橋駅轉搭百合海鷗號共約35分能達	搭Metro銀座線至渋谷再轉搭京王井の頭線，約1小時能達井の頭公園駅	搭JR中央線至東京駅，轉搭JR京葉線，共約33分能達舞浜駅
搭Metro副都心線約2分能達明治神宮前駅	搭Metro銀座線至新橋駅轉搭百合海鷗號共約30分能達	搭京王井の頭線，約24分能達井の頭公園駅	搭JR山手線(內回り) 至東京駅，轉搭JR京葉線，共約50分能達舞浜駅
搭Metro銀座線至渋谷駅轉搭JR山手線(外回り)約20分能達原宿駅	搭Metro銀座線至新橋駅轉搭百合海鷗號共約20分能達	搭Metro銀座線至渋谷駅轉搭京王井の頭線，約40分能達井の頭公園駅	搭Metro日比谷線至八丁堀駅轉搭JR京葉線約25分能達舞浜駅
搭Metro銀座線至表參道駅，轉搭Metro千代田線共約35分能達明治神宮前駅	搭都營淺草線至新橋駅，轉搭百合海鷗號共約30分能達	搭Metro銀座線至神田駅，轉搭JR中央線，共約50分可至吉祥寺駅	搭Metro銀座線至上野駅，轉搭Metro日比谷線至八丁堀駅再轉搭JR京葉線約50分能達舞浜駅
搭Metro日比谷線至恵比寿駅轉搭JR山手線(外回り)共約15分能達原宿駅	搭乘都營大江戶線至汐留駅轉搭百合海鷗號共約35分能達	搭乘都營大江戶線至代代木駅，轉搭JR總武線約30分能達至吉祥寺駅	搭Metro日比谷線至八丁堀駅再轉搭JR京葉線，約30分能達舞浜駅
於築地市場駅搭都營大江戶線，至代代木駅轉搭JR山手線(內回り)共約20分能達原宿駅	於築地市場駅搭都營大江戶線，至汐留駅轉搭百合海鷗號共約20分能達	於築地市場駅搭都營大江戶線，至新宿駅轉搭JR中央線，共約40分能達吉祥寺駅	於築地駅搭乘日比谷線至八丁堀駅再轉搭JR京葉線，約15分能達舞浜駅
於赤羽橋駅搭都營大江戶線至代代木駅轉搭JR山手線(內回り)共約20分能達原宿駅	於赤羽橋駅搭都營大江戶線，至汐留駅轉搭百合海鷗號共約30分能達	於赤羽橋駅搭都營大江戶線，至代々木駅轉搭JR總武線，共約40分能達吉祥寺駅	於赤羽橋駅搭都營大江戶線，在月島駅轉搭Metro有樂町至新木場駅，再轉搭JR京葉線，約30分能達舞浜駅
	於原宿駅搭JR山手線(內回り)至新橋駅，轉搭百合海鷗號共約40分能達	於原宿駅搭JR山手線(外回り)至新宿駅轉搭JR中央線，共約24分能達吉祥寺駅	在原宿駅搭JR山手線(內回り)到東京駅，轉搭JR京葉線，約50分能達舞浜駅
搭百合海鷗號至新橋駅轉搭JR山手線(外回り)，共約40分能達原宿駅		搭百合海鷗號至新橋駅轉搭Metro銀座線至渋谷，再轉搭京王井の頭線，約1小時能達井の頭公園駅	搭百合海鷗號至豊洲駅轉搭Metro有樂町線至新木場駅，再轉搭JR京葉線，約30分能達舞浜駅
於吉祥寺駅搭JR中央線至新宿駅轉搭JR山手線(外回り)，共約24分能達原宿駅	在井の頭公園駅搭京王井の頭線至渋谷，搭Metro銀座線至新橋駅再轉搭百合海鷗號約1小時能達		在吉祥寺駅搭JR中央線至東京駅，轉搭JR京葉線，共約1小時能達舞浜駅
在舞浜駅搭JR京葉線到東京駅，轉搭JR山手線(外回り)，約50分能達原宿駅	舞浜駅搭JR京葉線至新木場駅，轉搭Metro有樂町線至豊洲駅再轉搭百合海鷗號，共約30分能達	在舞浜駅搭JR京葉線至東京駅，轉搭JR中央線，共約1小時能達吉祥寺駅	

如何搭公車&計程車

如何搭乘巴士

在東京，JR與地鐵等交通網便已經十分方便，但是當愈玩愈深入，有些地方用巴士反而快速又直接。例如從調布到三鷹，搭巴士比轉鐵路來得方便；從裏原宿要到澀谷，懶得走回車站搭JR，那不如在附近的公車站搭上直達澀谷的巴士！另外，從澀谷要到世田谷各地區，搭公車也十分方便！

尋找站牌
依照要前往的方向尋找正確站牌。

從前門上車刷卡
東京都中心點大都單一票價，前門上車刷卡或支付現金即可。若非單一票價才需抽取整理券。

前方看板顯示下車站
電子看板會顯示即將抵達的車站。

確認應付金額
若是里程計費，司機上方會有格型票價電子看板，會顯示搭車距離與相對應票價。

到站按鈴
和台灣一樣，到站前按鈴就會停車。

整理券從前門下車／刷卡從後面下車
單一票價的市公車，無須再刷卡直接後門下車。若是里程計費則將整理券丟入前門票箱內，再以刷卡或現金支付。

計程車

東京的計程車十分多，在各大車站、百貨附近都看得到。而車資的計算，都內大多起跳都為￥410，1.052公里後才會開始跳表，約每行進237公尺增加￥80，晚上22:00至早上5:00都要加乘。以下表列幾個常用路徑供參考：

計程車路徑	所需車資	所需時間
東京駅八重洲口←→羽田空港	￥6,000~7,100	約30分
上野駅←→成田空港	￥21,300	約80分
銀座松屋百貨←→台場 AQUA CITY	￥2,690	約20分
東京鐵塔←→東京巨蛋	￥2,000~2,240	約20分
東京鐵塔←→東京晴空塔	￥3,860	約30分
淺草雷門←→東京晴空塔	￥800	約10分
六本木hills←→東京駅	￥2,150	約20分
吉祥寺駅←→三鷹吉卜力美術館	￥710	約10分
新宿駅西口←→築地市場	￥3,000	約30分
調布駅北口←→深大寺	￥980	約10分

有什麼優惠車票適合我？

	東京地鐵通票	東京Metro 24時間券	東京Metro‧都營地下鐵共通一日乘車券
	Tokyo Subway Ticket	東京メトロ24時間券	東京メトロ‧都営地下鉄共通一日乗車券
使用區間	依票券不同，可在啟用後的24/48/72小時內任意乘坐東京Metro及都營地下鐵全線。要注意地鐵路線會與JR、私鐵直通運轉，運轉區間內的鐵道路線並不屬於地鐵，故不適用此票券。	東京Metro 9條路線的全部區間，另外如果出示本券，在都內80個以上的地點會有特別優惠。	東京Metro 9條加上都營地下鐵4條的全部區間。
價格	【24小時券】大人¥800、兒童(6~12歲)¥400 【48小時券】大人¥1,200、兒童(6~12歲)¥600 【72小時券】大人¥1,500、兒童(6~12歲)¥750	大人¥600，兒童(6~12歲)¥300	大人¥900，兒童(6~12歲)¥450
有效時間	24、48、72小時	24小時	1天
使用需知	適用於一日券優惠CHIKA TOKU	適用於一日券優惠CHIKA TOKU	適用於一日券優惠CHIKA TOKU
售票處	持護照在以下地方購買 1-成田機場第1航廈及第2航廈1F的京成巴士售票櫃台。 2-羽田機場第3航廈2F觀光資訊中心。 3-東京Metro旅客服務中心(上野站、銀座站、新宿站、表參道站、東京站)。 4-旅遊服務中心、Bic Camera部分分店。	分前售券及當日券： 1-前售券可至東京地下鐵定期票售票口(中野站、西船橋站、副都心線澀谷站除外)購買。 2-當日券可在東京Metro各站的自動售票機購買。	1-前售券：東京Metro定期票售票口和都營地下鐵各站站務員室(押上站、目黑站、白金台站、白金高輪站及新宿線新宿站除外)可買前售券。 2-當日券：自動售票機則僅發售當日券，買票後限當日使用，需注意。
官網			
購買身分	海外旅客適用，購買需出示護照	無限制	無限制

東京自由車票	百合海鷗號一日乘車券	都營通票
東京フリーきっぷ	ゆりかもめ一日乘車券	都営まるごときっぷ(一日乘車券)
東京23區內JR全線普通列車、東京Metro、都營地下鐵、都電和巴士以及日暮里‧舍人Liner等均可免費搭乘，是所有特殊乘車票中乘坐範圍最廣的。	可自由搭乘百合海鷗號全線。	可搭乘都營系列的所有交通工具；包括都營地下鐵、都營巴士、都電、日暮里‧舍人Liner等。和東京Metro一樣，出示票券可享部分優惠。
大人¥1,600，兒童(6~12歲)¥800	大人¥820，兒童(6~12歲)¥410	大人¥700，兒童(6~12歲)¥350
1天	1天	1天
適用於一日券優惠CHIKA TOKU		適用於一日券優惠CHIKA TOKU
1-當日券：都營地下鐵各站 (押上站、白金高輪站、白金台站、目黑站及新宿線新宿站除外)、日暮里‧舍人Liner各站自動售票機販售當日券。 2-前售券：須至窗口購買。	1-當日券：百合海鷗號各站的自動售票機可直接購買當日券。 2-前售券：須至新橋站、豐洲站購買。	1-當日券：可在都營巴士和都電荒川線車內，都營地下鐵、日暮里-舍人Liner各站自動售票機及定期票售票窗口購買。 2-前售券：至都營地下鐵定期票售票窗口及各站站務員室(押上站、目黑站、白金台站、白金高輪站及新宿線新宿站除外)、都營巴士和都電荒川線各站售票處、日暮里‧舍人Liner定期票販售處和站務員室。
(QR code)	(QR code)	(QR code)
無限制	無限制	無限制

都營地下鐵一日PASS	都區內PASS	都營路面電車一日券
都営地下鉄ワンデーパス	都区内パス	都電一日乗車券
都營地下鐵依照季節會推出期間限定的一日PASS，乘車時間限定週六日和例假日，乘車範圍為都營地下鐵的四條路線，如果配合行程得當，相當划算。	當日可自由搭乘東京23區內各JR線的普通和快速列車自由席。	當日可自由搭乘都電荒川線全線。
大人¥500，兒童(6~12歲)¥100	大人¥760，兒童(6~12歲)¥380	大人¥400，兒童(6~12歲)¥200
1天	1天	1天
適用於一日券優惠CHIKA TOKU		適用於一日券優惠CHIKA TOKU
都營地下鐵各站(押上站、目黑站、白金台站、白金高輪站及新宿線新宿站除外)均有售。	可於通票使用範圍內(東京23區內)的JR東日本主要車站內的指定席券售票機。	1-荒川電車營業所和都電各站定期票售票窗口可購買前售券與當日券。 2-當日券也可直接在車上購買。 3-車上也可以直接用Suica或Pasmo扣款購買一日券，只是這樣無法享有沿線部分景點優惠。
無限制	無限制	無限制

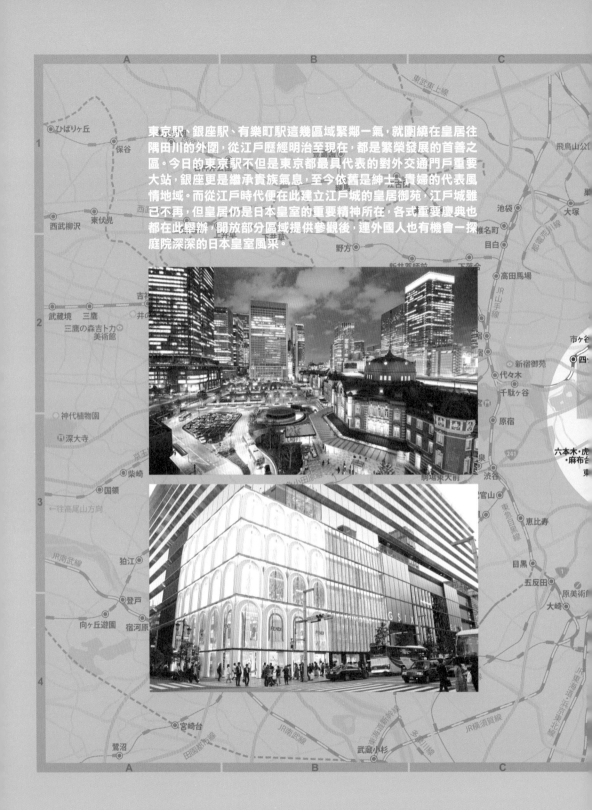

東京駅、銀座駅、有樂町駅這幾區域緊鄰一氣，就圍繞在皇居往隅田川的外圍，從江戶歷經明治至現在，都是繁榮發展的首善之區。今日的東京駅不但是東京都最具代表的對外交通門戶重要大站，銀座更是繼承貴族氣息，至今依舊是紳士、貴婦的代表風情地域。而從江戶時代便在此建立江戶城的皇居御苑，江戶城雖已不再，但皇居仍是日本皇室的重要精神所在，各式重要慶典也都在此舉辦，開放部分區域提供參觀後，連外國人也有機會一探庭院深深的日本皇室風采。

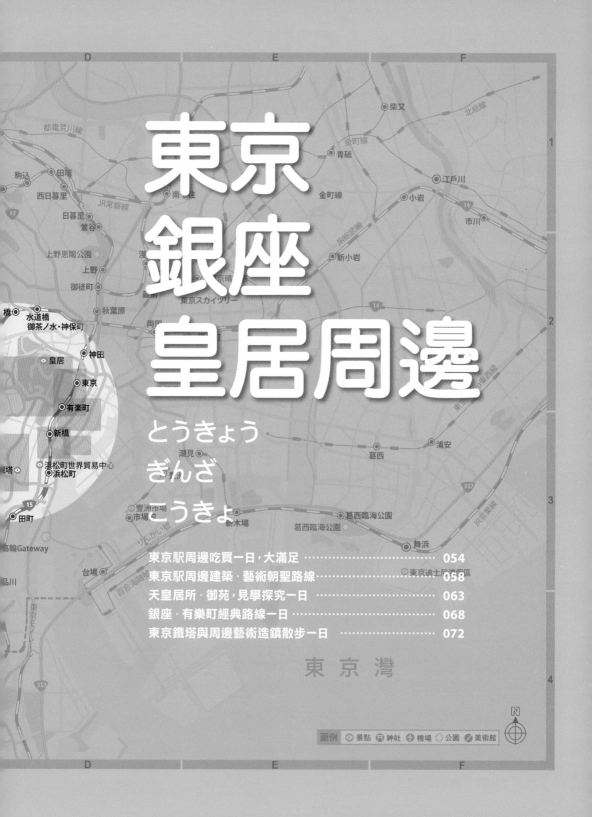

東京
銀座
皇居周邊

とうきょう
ぎんざ
こうきょ

東京灣

圖例 景點 神社 機場 公園 美術館

東京駅周邊
吃買一日大滿足

東京駅　車站地下街　KITTE
購物　美食　伴手禮大本營

交通樞紐的東京車站，通往各地的新幹線皆由此出發，每天來往旅客人數就超過百萬人次，車站與周邊百貨大樓構成的購物、飲食、娛樂一次到位的車站城市「Tokyo Station City」已然成形，成為交通之外，購物美食聚焦亮點。

早
10:00 東京駅
10:10 東京中城八重洲
12:00 日本、美食街道

午
13:30 KITTE
15:00 二重橋SQUARE
　　　　PIERRE HERMÉ
16:30 丸之內仲通

晚
17:00 東京駅
　　　　Character Street
　　　　GRANSTA
　　　　東京拉麵一條街
21:00 東京駅

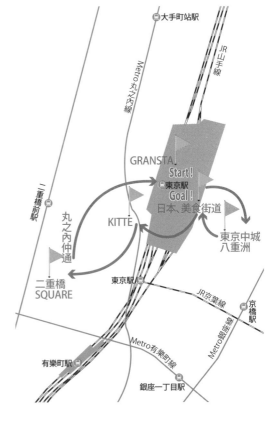

大手町站駅

JR山手線

Metro丸之內線

GRANSTA
Start!
東京駅
Goal!
日本、美食街道

二重橋前駅

丸之內仲通

KITTE

東京中城八重洲

二重橋SQUARE

東京駅

JR京葉線

京橋駅

Metro銀座線

Metro有樂町線

有樂町駅

銀座一丁目駅

東京駅周邊 一站吃喝玩買就足夠

Point!

東京車站總面積加起來有三個東京巨蛋大,站內商家多到比百貨公司還瘋狂,新潮咖啡店、爆買藥妝店、各地名產一應俱全,美味餐廳或百年老舖絕不在少數,實在太好買、太好吃了!

Start!

10:00
東京駅
JR山手線

步行 **2**分

10:10

與東京車站地下直接聯通。

東京中城八重洲

2023年3月開幕時,光開館首月便創下入場180萬人次紀錄。地下2樓是巴士轉運站,B1到3樓則進駐了60家店舖,涵蓋各式各樣風格的餐廳和極具個性的商店。40~45樓則是義大利高級珠寶名牌的「寶格麗酒店」。

停留時間 **2**小時

時間 B1F 10:00～21:00、1F～3F 11:00～21:00／餐廳 11:00～23:00
網址 www.yaesu.tokyo-midtown.com

步行 **2**分

12:00

日本、美食街道

停留時間 **1.5**小時

精選函館、仙台、橫濱、富山、廣島、博多、鹿兒島等9家名店美食進駐,不論是廣島燒、博多知名的明太子料理、鹿兒島黑豬肉、函館壽司、仙台牛舌等,名門美味絕對滿足。

時間 7:00~23:00,依各店舖而異
網址 www.tokyoeki-1bangai.co.jp/street/gourmet

步行 **5**分

從東京站一樓的中央通道,直線穿越車站到丸之內側廣場,就在左手邊。

老屋新生的特色商場!

13:30

KITTE

停留時間 **1.5**小時

改建自舊東京中央郵局,雪白外牆內是寬闊的中空三角形空間,日光從上頭傾瀉而下,開闊的空間充滿放鬆感,從B1樓到地上6樓的7個樓層間進駐近百間店舖,成為東京購物飲食必到景點。

時間 購物11:00~20:00,餐飲11:00~22:00
網址 jptower-kitte.jp

沿著前面馬路走到國際會議中
心右轉即可。

步行
7分

以步行為主的街道上，綠意
夾蔭，充滿國外高雅街邊店
的散步氛圍。

二重橋SQUARE

15:00 位在綠意盎然的丸の内仲通
り上，從B1樓至2樓共多達25
間店鋪，其中16家是餐廳，另有5家更是日本
初次設店的名店，尤其1樓的街邊店家串聯戶外
綠意的座位區，讓這裡展現出特別優雅與貴氣的
氛圍。

停留時間
40分

時間 購物11:00~20:00，
餐廳~23:00
休日 1/1、設備檢修日
網址 www.marunouchi.
com/building/nijubashi

就位在二重橋SQUARE內的1樓街邊店。

步行
1分

吃得到巴黎甜點大師
的日式食材新創意。

PIERRE HERMÉ

15:40 有著「糕點界畢卡索」的皮耶
艾曼大師，從巴黎起點紅遍全
世界，以美味馬卡龍、巧克力等甜點在日本展店
已經20年，丸の内店的店鋪形式則是由大師親自與
日本生產者合作重新演繹食材的美味。逛累了可
以來這裡小憩午茶。

停留時間
50分

時間 11:30~19:00(L.O.18:30)
網址 www.pierreherme.co.jp/ph/

店前方的綠蔭大道就是丸之內仲通。

步行
1分

丸之內仲通

停留時間
30分

16:30 從丸大樓一直延伸到有樂
町車站的林蔭大道，一般也
稱為購物大道。寬敞的石疊路兩旁，知名精品
店和國外高級名牌
店一字排開。就
算買不下手，沿
著環境優美的仲
通來個Window
Shopping也很舒
適。

聖誕節期間的點燈活動，
讓這條路顯得益發美麗。

沿著仲通這條林蔭大道，往回走到東京車站。
位在東京駅一番街B1F(八重洲口)方向。

步行 7分

17:00

Character Street

停留時間 1.5小時

這裡聚集各家電視台和有名
的角色各式專門店，週刊少年
JUMP專門店裡的海賊王、銀魂和火影忍者相關商
品，TBS電視台的小黑豬，NHK的DOMO君，寶可
夢、史努比、吉卜力系列、假面超人、樂高等齊聚，
讓人逛到熱血噴張。

時間 10:00~20:30，依各店鋪而異

網址 www.tokyoeki-1bangai.co.jp/street/
character

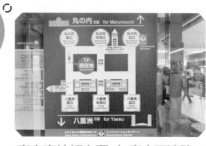

東京車站好大啊，怎麼走不迷路？

整個車站商場主要分佈在B1及1樓，兩層樓
又分為「站內」跟「站外」，也就是說有些店
必須刷票進站才找得到，區域標示更是密密
麻麻令人頭昏，但不論哪層樓都有一條大大
的中央通路，反正以「中央」為基準，保證順
暢不迷路。

可愛玩偶大集合，更有許
多這裡才有的限定商品！

步行 2分

位在東京駅B1F同一
樓層、不同商品區域。

18:30

集結多家人氣拉麵店，
來這裡絕對不踩雷！

GRANSTA

停留時間 1小時

位於丸之內與八重洲中央口的
改札間通道，GRANSTA以「短
暫精彩的東京車站記憶」為概念，集結各式外
帶美食名店之外，還有日本酒
類、老舖伴手禮，豐富多
樣，隨便買都不失敗。

時間 8:00~22:00，週
日、例假日~21:00

網址 gransta.jp

步行 5分

位在東京駅一番街B1
F(八重洲口方向)。

19:30

東京拉麵一條街

停留時間 1.5小時

拉麵街集結東京8間人氣拉麵
店，像是以順口馥郁的湯頭聞名的九段下「班
鳩」、口感清爽的鹽味拉麵「ひるがお」、提供濃厚
魚介拉麵的名店「らーめん 玉」等，開幕至今人氣最
旺的則一直是僅此一間的沾麵名店「六厘舍」等。

時間 約11:00~22:30

網址 www.tokyoeki-1bangai.co.jp/street/ramen

步行 2分

往地下中央通道指標方向走，就能到車站的
改閘口。

21:00

東京駅
JR山手線

Goal !

東京駅周邊建築·藝術朝聖路線

建築經典　辰野金吾　三菱一號美術館
文藝復興建築　摩登建築大樓　購物

東京駅緊鄰皇居所在的老江戶城，因此這裡也留下不少明治時代的優雅洋風建築，對照優雅老建築，新興商業辦公區的丸之內，以2002年開幕的丸大樓為首，辦公區域陸續轉變為精緻的購物商圈外，近年各式新建築崢嶸，一樣嶄新又美麗。

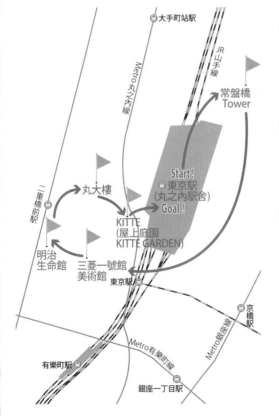

早
09:30 東京駅
09:30 丸之內駅舍(東京駅)
10:40 常盤橋タワー
　　　　TOKYO TORCH Terrace

午
13:00 三菱一号館美術館
　　　　CAFÉ 1894
15:00 明治生命館

晚
16:00 丸大樓
　　　　ANTICA OSTERIA DEL PONTE
20:10 屋上庭園 KITTE GARDEN
21:00 東京駅

新舊共存建築容顏 一覽百年風格流轉

Point!

本區以走路為主，但也有免費丸之內接駁巴士(丸の内シャトル/Marunouchi Shuttle)串聯區域內各大樓景點，亦可善加利用。

Start!

09:30
東京駅
JR山手線

出站後，沿著指標往1樓丸之內出口側方向走。

步行
3分

09:40

丸之內駅舍(東京駅)

停留時間
50分

落成於1914年的東京車站，不僅是交通要道，建築本身更是經典。丸之內側車站建築完成於大正年間，由建築師辰野金吾所設計，是棟擁有拱頂及典雅紅磚的文藝復興風格建築，八重洲口則有八重洲大樓和南塔、北塔設計。

東京車站外觀看點：丸之內駅舍

東京駅於百年前由兩大設計師、辰野金吾與葛西萬司共同設計，紅磚煉瓦的建物經過關東大震災、大空襲後，雖曾經毀壞於一時，但致力重建原貌後，百年前的厚重歷史，也再次呈現世人面前。

東京車站內看點：圓頂天花板浮雕裝飾

除了車站外觀壯闊懾人，也別錯過車站圓頂下方的各式精采浮雕裝飾，改裝工程時許多破損的浮雕，經細細拼湊確認樣貌、並被復元至天花板上，值得一一欣賞。

鏡與劍

日本神話中的神器，巧妙地以西洋風格結合日本傳統，為車站的裝飾增添新義。

圓頂

原本三層樓高的車站修復至二樓的樣貌，圓頂抑是耗費許多心力復原。

屋瓦

屋頂以純黑的天然岩板為材料，戰後修復後，仍以天然粘板岩為材料。

鳳凰

站在車輪上的鳳凰，兩旁豎起的三支箭，代表眾人齊心協力。

從東京車站丸之內側的站前廣場前徒步過去。

步行 10分

10:40

步行 1分

常盤橋タワー

停留時間 15分

在東京車站日本橋口前，是東京車站新地標。地上共有38層、地下5層，大樓前空間則為大型公園廣場「TOKYO TORCH Park」，地下1至3樓為商業設施「TOKYO TORCH Terrace」其餘樓層則是作為辦公室使用，是該區目前最高大樓。

網址 office.mec.co.jp/tokiwabashi/tower-a/

停留時間 15分

TOKYO TORCH Park

10:50

伴隨常盤橋大樓的建成，將大樓中間空地再利用，變成一處大型公園廣場。豐富的植物、草皮到錦鯉池外，步道的藍色水波線條則有現代美術家吉野もも設計的3D藝術作品，是個處處用心、充滿設計感的公共空間。

時間 自由參觀

集結日本各地特色於一處的公園文藝廣場。

就在常盤橋大樓地下1樓至3樓。

步行 2分

11:10

TOKYO TORCH Terrace

為地下1樓至3樓的商業設施，1~3樓餐廳皆設有戶外露天席，可邊用餐邊享受戶外風光。進駐店家共13間，來頭都不小，包括初次在日本開店的西班牙餐廳「Bar Español YEBRA」、首次東京拓店的大阪串炸「BEIGNET」等。

停留時間 1.5小時

時間 B1~3 F店家營業時間各異
網址 tokyotorch.mec.co.jp

在都會叢林的露天區用餐啖美食。

沿原路走回車站廣場後續前行，
經過KITTE後到達美術館。

步行 17分

13:00

三菱一号館美術館

停留時間 1小時

重建後的這棟充滿復古風情的美麗紅磚建築，於2010年變成三菱一號館美術館，建築的2、3樓做為美術館的展覽空間，1樓則有建築本身的歷史資料室，利用原本銀行接待大廳空間改裝的咖啡館1894、以及美術館商店。

[時間] 10:00~18:00
[休日] 週一，1/1，年末，換展期間，不定休
[價格] 依各展覽而異 [網址] mimt.jp

三菱一號館前身落成於1894年，是棟銀行後來被拆除，又於2007年依原設計圖一磚一瓦考證後重建。是辰野金吾的老師、Josiah Conder所設計，因此與東京車站風格十分相仿。

展覽內容呼應建築的歷史，以19世紀末至近現代、都市與美術相關為主。

就在三菱一號館美術館的一樓。

步行 1分

CAFÉ 1894

14:00

停留時間 1小時

室內建築完全複刻百年前原始銀行樣貌，木造結構的挑高空間，木板拼接天花板、紅木圓柱、木造地板，古銅金的色調搭配過去銀行的金色櫃台窗口，像是老式咖啡館，卻又保持了銀行的派頭與嚴謹。

[時間] 11:00~22:00(L.O.21:00) [休日] 不定休
[網址] mimt.jp/cafe1894

與美術館隔著丸之內仲通，走路很近。

步行 3分

15:00

明治生命館

停留時間 50分

建於1934年的建築，由建築師岡田信一郎設計，被譽為當時古典主義建築的傑作，1997年被指定為重要文化財，展場包含1、2F。1F另有靜嘉堂文庫美術館，館內收藏包含國寶7件、重要文化財84件。

[時間] 9:30~19:00(入館至18:30) [休日] 12/31~1/3
[價格] 自由參觀 [網址] www.meijiyasuda.co.jp/profile/meiji-seimeikan/

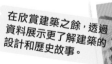

在欣賞建築之餘，透過資料展示更了解建築的設計和歷史故事。

沿著美術館前大通往東京車站走，就在車站廣場正對面。

步行 5分

從5樓、7樓公共露臺，可以居高看到東京車站的正面外觀。

停留時間 2小時

丸大樓 `16:00`

丸大樓地下與東京車站連結，地下1樓是食品雜貨街，1到4樓是Shopping Mall，無論是日本原創熱門品牌，或來自歐美的設計師精品，所有流行時尚都蒐羅。35、36樓是高級觀景餐廳，東京都璀璨豪華夜景盡收眼底。

時間 購物11:00~21:00，餐廳11:00~23:00

休日 1/1、設備檢修日 **網址** www.marunouchi.com/building/marubiru/

位在丸大樓36F。

步行 1分

ANTICA OSTERIA DEL PONTE `18:00`

停留時間 2小時

義大利料理界第二家曾獲得米其林三顆星的高級餐廳，獨創一格的義式料理讓人驚艷，丸大樓店可是其在全世界第一家海外分店。位在36樓高的餐廳，擁有絕佳視野，晚上還可欣賞東京高樓的夜景和霓虹燈光，氣氛浪漫醉人。

時間 11:30~14:00(L.O.)、17:30~20:00(L.O.)

休日 1/1、設備檢修日

網址 www.anticaosteriadelponte.jp

在丸大樓斜前方、**KITTE 百貨**的6F頂樓。

步行 3分

屋上庭園 KITTE GARDEN `20:10`

屋上庭園能近距離眺望東京車站屋頂。

停留時間 40分

位在KITTE頂層6樓的屋上庭園，是眺望東京車站的絕佳地點之一，白天造訪時，庭園內鋪設的木棧道及點綴其中的綠意給人度假的悠閒感受，晚上夜幕低垂時，微風吹拂加上夜色與燈光營造出的神祕感，氣氛甚是浪漫。

時間 11:00~23:00(週末、例假日至22:00)

價格 自由參觀

網址 jptower-kitte.jp

一旁即為東京車站。

步行 2分

東京駅
JR山手線
`21:00`

Goal !

天皇居所·御苑
見學探究一日

皇居　Midtown　哈利波特咖啡
藏壽司全球旗艦　有樂町居酒屋街

東京站緊鄰皇居東側，皇居原為江戶城，加上廣闊的庭園，形成東京中央的綠色之心。皇居南側則有著赤坂、日比谷等超大型複合設施購物區大樓、神社等，可以一路延續皇居·御苑的優雅綠意氣息，逛街購物、訪老舖都恣意。

早
09:10 大手町駅
10:00 皇居一般參觀
　　　皇居東御苑

午
13:00 Tokyo Midtown日比谷
　　　赤坂駅
14:30 赤坂Sacas
　　　哈利波特咖啡
16:30 虎屋

晚
17:30 豐川稻荷
　　　銀座駅
19:00 藏壽司 全球旗艦店
21:00 有楽町駅

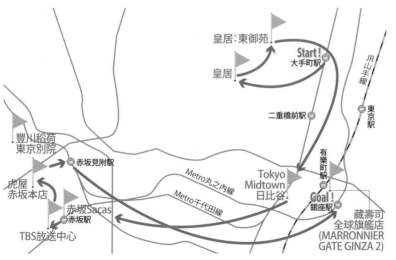

皇居周邊探索 看見新舊交織風景

Point! 參觀皇居、東御苑的移動需要大量行走，好走的鞋很重要！夏天則要記得帶帽子，做好防曬措施。

Start！

大手町駅
Metro東西線

9:10

大手町駅C13b出口即是。
(9:30在桔梗門集合)

步行 1分

停留時間 1.5小時

皇居一般公開

10:00

在東京都的中心，有著一大片綠意被高樓群層層圍繞，這裡便是日本精神象徵「天皇」的住所。近年來宮內廳開放皇居的一部份區域給事前上網申請、或是當天前往取號碼券的人參觀，讓民眾得以一探天皇的神秘住所。

二重橋不只橋體美，極具歐洲建築設計風格，連橋上的路燈也很美。

富士見櫓是整個江戶城遺跡中，最為古老的三層櫓樓。

皇居參觀的第一站，江戶城本丸唯一保存下來、高16公尺的「富士見櫓」；接著來到有著銅綠色屋頂的建築，是處理皇室事務的宮內廳，許多重要儀式都在這裡舉行；繼續往前是長160公尺的長和殿，每年國曆新年與天皇誕生日時，皇室一族會在長和殿的2樓接見民眾；面對長和殿的右手邊有處南車寄，是天皇迎接外賓的地方。最後來到正門鐵橋，又被稱為二重橋，各國賓客前來宮殿拜會天皇時，皆會由此通過。

整段導覽約75分鐘，全程2.2公里，一路地勢平緩走來並不累，算是輕鬆的小散步。

時間 10:00、13:30兩時段，可上網預約或現場取得該時段的當日受付整理券 **休日** 週日一、例假日、7/21~8/31的下午場、12/28~1/4

價格 免費

網址 sankan.kunaicho.go.jp

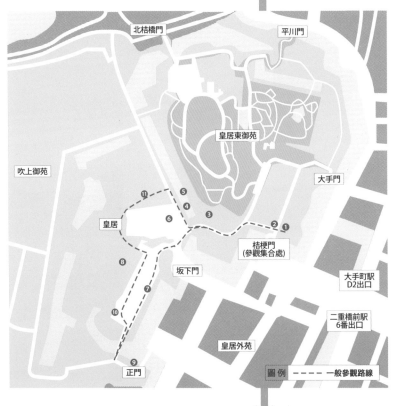

北桔橋門 平川門 皇居東御苑 吹上御苑 大手門 皇居 桔梗門(參觀集合處) 大手町駅D2出口 坂下門 二重橋前駅6番出口 皇居外苑 正門 圖例 ----- 一般參觀路線

參觀皇居跟我這樣做!

❶ 線上申請,取得「皇居參觀許可通知」。

網路預約

❷ 開始前半小時,到「桔梗門」報到。

❸ 報到後,聽取說明與注意事項。

❹ 開始行程,跟隨導覽員指示,不可脫隊。

現場排隊

想事前申請的人,可以上宮內廳的申請網站。若是沒預約,可在當天8:30(參觀10:00場次)、12:00(參觀13:30場次)至桔梗門取得該時段的當日受付整理券,參觀開始前30分鐘回到桔梗門換取號碼牌後即可依序進場。

TIPS

❶ 線上申請名額每日200人,若搶不到,當日名額有300人,不妨到現場等候。

❷ 線上申請為參觀日的前一個月開始,決定行程後便可預約。

❸ 導覽途中沒有廁所,記得出發前先在等候大廳解決。

❹ 皇居導覽全程只有日文解說,若是怕聽不懂的人,可以事先下載「Imperial Palaces Guide」APP,支援多種語言,藉由景點介紹可以輕鬆了解皇居內部參觀重點。

步行 5分

從桔梗門解散後,往大守門方向、從這裡免費自由進入東御苑。

11:30 **皇居東御苑**

停留時間 1小時

皇居是以前的江戶城,東御苑內也留有不少城跡,像是曾建有天守閣的天守台,現在只剩平台;另外像是大手門、平川門、富士見櫓、江戶城本丸御殿前的檢查哨「百人番所」與隨處可見的石垣等,每一角落都充滿歷史風情。

時間 3/1~4/14、9月9:00~17:00、4/15~8/31~18:00、10月~16:30、11/1~2月底~15:30

休日 週一、週五、天皇誕生日、12/28~1/3

網址 www.kunaicho.go.jp/event/higashigyoen/higashigyoen.html

備註 東御苑免預約,一般人都可在開放時間內進入參觀

步行 4分

¥180
電車 3分

大守門駅 千代田線

日比谷駅 千代田線

下車後從A11出口可與Midtown直結。

6樓的屋上庭園,能欣賞一旁的日比谷公園串聯皇居與護城河景致。

13:00

Tokyo Midtown日比谷

緊連著日比谷公園與皇居廣闊一望無際的綠地邊,讓這裡顯得氣氛悠閒又充滿高級質感。高達35層樓的美麗玻璃帷幕大樓內,共有B1樓至地上3樓的商場空間,4~5樓是東寶電影院,6~7樓則是餐廳與屋上庭園。可在此用午餐。

(時間) 購物11:00~20:00、餐廳11:00~23:00
(網址) www.hibiya.tokyo-midtown.com/jp

日比谷駅 千代田線　　赤坂駅 千代田線

電車 5分　¥180

下車後從3b出口可與赤坂Sacas直結。

停留時間
1小時

赤坂Sacas

14:30

赤坂的遊逛中心,好吃的、好玩都在這裡!

以TBS電視台為中心,複合式商業大樓赤坂Sacas結合了辦公大樓和數十間別具風格的餐廳商店,成為東京的新亮點。TBS不時會在廣場上舉辦活動,而包圍整個區域的百株櫻樹,為赤坂的春天妝點粉紅色彩。

(時間) 依各店舖而異　(網址) www.tbs.co.jp/sacas

位在赤坂Sacas Biz Tower 1F。

步行 1分

15:30

哈利波特咖啡

停留時間
1小時

赤坂的街區迎來了魔法世界的驚喜「Harry Potter Cafe」!以電影《哈利波特》為主題,帶來充滿奇幻色彩的獨特體驗。各種令人興奮的菜單,每道都充滿了魔法般的魅力,有平板可切換語言且附照片,讓點餐變得更容易。

(時間) 10:00~22:00
(價格) Platform 9 3/4 Beans¥1,650
(網址) hpcafe.jp
(備註) 用餐為預約制,當日若有空位可直接入座

往有大庭園的迎賓館方向走，
虎屋就在庭園外圍。

步行 12分

虎屋藝廊

赤坂本店B1設有虎屋藝廊，不定期展出虎屋和菓子的各種知識與美學，像是各種家紋菓子、和菓子的初始、季節等主題，且免費入場，別錯過。

停留時間 1小時

16:30

虎屋 赤坂本店

虎屋創立於室町時代後期的京都，已有五百年歷史，店內限量羊羹「千里之風」，虎斑模樣象徵勇猛的虎；「殘月」則為生薑風味的現烤菓子。午餐時段也限定供應季節蔬菜製作的健康餐點與手工烏龍麵，清爽美味，令人回味無窮。

時間 11:00～17:30，午餐時段11:00～14:00
休日 每月6號 **價格** 季節午膳¥3,850，餡蜜¥1,760 **網址** www.toraya-group.co.jp/

赤坂見附駅 丸之內線

銀座駅 丸之內線

步行 1分 豐川稻荷就在虎屋對面，過個馬路就到了。

豐川稻荷 東京別院

17:30

歷史始於江戶時代，於明治20年遷至現址，成為愛知縣豐川閣的直轄別院。這裡集結了各種式樣的小佛寺，像是緣切緣結的「叶稻荷」、增強金運的「融通稻荷」、七福神巡禮等等，想要許什麼心願，這裡一次達成。

停留時間 1小時

時間 5:30～20:00
網址 www.toyokawainari-tokyo.jp

步行 6分

¥180 電車 5分

迴轉壽司軌道長達123公尺，是藏壽司營運店鋪最大規模。

步行 3分

19:00

藏壽司 全球旗艦店

「藏壽司」於2024年4月進軍銀座，瞄準海外觀光客，室內裝潢從高掛的燈籠、浮世繪壁畫，到滿滿和風的木質設計和榻榻米座位，營造出讓人猶如置身於江戶時代的穿越時空感。

時間 11:00~23:00(位在MARRONNIER GATE GINZA 2，7F) **網址** www.kurasushi.co.jp/ginza/

停留時間 1.5小時

越夜越熱鬧的有樂町街

距離有楽町駅徒步約1分鐘的有樂町街是東京上班族最喜愛的居酒屋區之一，晚餐後還不想結束一天？可以來這裡喝杯小酒。

步行 3分 往前走即為車站。

21:00

有楽町駅 JR山手線

Goal!

銀座·有樂町
經典路線一日

銀座　有樂町　百年百貨
和風洋食老舖　老舖　國際精品

銀座是傳統與創新的集結,歷史悠久的和服老店和現代感十足的國際級精品名牌旗艦店共存,也有平價品牌的進駐,讓銀座逛街的選擇性更加開闊。白天,是銀座時尚高貴的表徵;晚上,則有仕女、仕紳前來享受夜晚的優雅美好。

早
09:30 銀座駅
09:40 和光本館
10:00 銀座木村家
10:40 ART AQUARIUM MUSEUM(三越)

午
11:40 煉瓦亭
13:30 GINZA SIX
15:20 資生堂パーラー

晚
16:30 東急PLAZA銀座
18:30 無印良品 銀座
　　　　 MUJI DINER
21:00 銀座駅

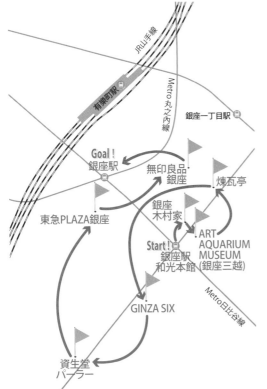

JR山手線
Metro 丸之內線
有樂町駅
銀座一丁目駅
Goal！銀座駅
無印良品·銀座
煉瓦亭
東急PLAZA銀座
銀座木村家
Start！銀座駅 和光本館
ART AQUARIUM MUSEUM (銀座三越)
Metro日比谷線
GINZA SIX
資生堂パーラー

有低調的高級街區氛圍
也有超大型旗艦的氣派華麗

Point!

在這裡徒步是主要方式，銀座的代表性店鋪大都在晴海通，想逛百貨、伴手禮就到中央通，並木通則集結國際精品、酒吧。

中央通是銀座的主要街道，週末例假日的12:00~18:00則變身步行者天國，加上活動舉辦，滿滿人潮非常熱鬧，推薦選擇週末來感受最悠閒銀座Style。

停留時間 1小時

ART AQUARIUM MUSEUM

2022年於銀座三越8樓新館進駐這家美術館，甫開幕便造成轟動。絢爛的金魚秀，並設計展示出隨著四季變化的各式美麗場景，在靜謐的空間中感受金魚的夢幻展演秀。場館只能停留30分，看完可順便逛逛三越。

時間 10:00~19:00(入場至18:00)，每場次30分
休日 換展期間、不定休 **價格** 國中學生以上¥2,500，可同2位國小生以下免費
網址 artaquarium.jp/

Start!

09:30

銀座駅
銀座線

下車後從A9或A10出口即達。

「時計塔」是和光的精神指標，2024年是它竣工第92個年頭。

步行 2分

09:40

和光本館

出站後眼前就是銀座老牌建築指標「和光大樓」！這裡是老牌百貨「和光」的本館主建築，幾乎提到銀座畫面都是這裡，和光是以販售日本國內外高級鐘錶延伸出的精品百貨。

停留時間 10分

時間 10:00~19:00 **休日** 年末年始
網址 www.wako.co.jp

從和光本館前方的中央通步行即達。

步行 2分

10:00

銀座木村家

在1869年製作出風靡全日本的日式紅豆麵包，直到今天，木村家本店仍在銀座名牌簇擁的大街上屹立不搖，並將店面延伸至1~4樓空間，1樓為麵包坊、2~4樓有喫茶店、洋食屋及法式餐廳「ARBRE VILLAGE」，可憑喜好隨選品嚐。

停留時間 30分

步行 2分

10:40

時間 1F麵包、2F喫茶10:00~20:00，餐廳11:00~19:00 **價格** あんぱん(紅豆麵包)¥200 **網址** www.ginzakimuraya.jp

木村家斜對面就是銀座三越，美術館在百貨的8樓。

也可到2樓的喫茶，享受美味傳奇紅豆麵包早餐吧。

回到中央通，經過木村屋後在松屋通的巷子裡。

步行 4分

11:40 煉瓦亭

停留時間 1.5小時

明治28年(1895年)開業的洋食屋，是銀座餐廳中最有名的，更是蛋包飯、牛肉燴飯等和風洋食的創始店。不同於現在常見的蛋包飯，煉瓦亭元祖蛋包飯的蛋與米飯混合而成，奶油搭配出的香味出乎意料地清爽。

時間 11:15~15:00(L.O.14:00)、17:30~21:00(L.O.20:00)
休日 週日　價格 元祖牛肉燴飯¥3,200
網址 www.instagram.com/ginzarengatei_ocial/?hl=ja

明治誕生オムライス(明治誕生元祖蛋包飯)¥2,700。

走回中央通的路口時，街區氣氛特別優雅，百年老店松屋百貨就在這，想買日本各地和菓子，這裡很適合。

步行 10分

中央通12點變成步行天國，走起來非常舒適，直走即可達GINZA SIX。

13:30 GINZA SIX

停留時間 1.5小時

坐擁十五層樓、241家品牌，其中121間為日本旗艦店。公共空間由設計紐約現代美術館的名建築師谷口吉生操刀，法國設計師Gwenael Nicolas主導室內裝潢、森美術館館長監製，再加上Teamlab設計的LED瀑布牆及藝術家們的作品，充滿話題設計質感。

時間 購物10:30~20:30，餐廳11:00~23:00
網址 ginza6.tokyo

沿著中央通繼續走即達。

步行 3分

停留時間 1小時

15:20 資生堂パーラー

位於銀座著名地標之一、深紅色資生堂大樓內的這家商店，為銀座保留了復古懷舊的西洋口味。從起司蛋糕、巧克力、餅乾到讓人懷念的燒菓子，都是資生堂的獨家創意甜點，是來銀座必朝聖店。

時間 11:00~20:30、餐廳11:30~21:30(L.O.20:30)
休日 年末年始　價格 布丁¥432　網址 parlour.shiseido.co.jp

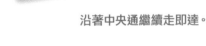

4~5F設有餐廳，可在此來個優雅午茶時光。

集結眾多國內外設計師打造、銀座最豪華百貨公司！

沿著中央通往回走，在和光大樓左轉續前行即達。

步行 10分

16:30

充滿年輕與設計感的超大型商場！

東急PLAZA銀座

停留時間 **2小時**

有如巨大航空母艦般的美麗玻璃帷幕商場，是銀座規模最大商場之一，打破銀座只賣貴森森高價名牌印象，以具設計感、年輕流行、生活設計雜貨、潮流餐飲、空中花園、展覽廳、免稅店等各式複合設施，成為好逛又好買的據點。

時間 商店11:00~21:00，餐飲11:00~23:00
休日 1/1，1年1次不定休
網址 ginza.tokyu-plaza.com

往斜前方的並木通直行，就能抵達。

步行 7分

18:30

無印良品 銀座

停留時間 **1小時**

不同於傳統MUJI店舖風格，這棟MUJI大樓，設有MUJI全球第一家飯店外，還有小農生鮮蔬果區、熟食區、麵包坊、6樓則包含2處小型藝廊、雞尾酒輕食酒吧，光一層層慢慢逛，至少得花個2個小時。

時間 11:00~21:00
網址 shop.muji.com/jp/ginza

產地直送新鮮蔬果外，也有漁港直送海鮮美味！

步行 1分

就在無印良品銀座B1F。

19:30

MUJI DINER

停留時間 **1.5小時**

從MUJI餐廳就能開啟一日的營養美味，MUJI DINER從午餐、午茶到晚餐全包，且有不同美味菜單選擇。不同於MUJI食堂，更強化產地直送食材的鮮美滋味，廚房邊也展示許多新鮮漁產，光看都食慾大開。

時間 11:00~22:00 (L.O.21:30)，入店至21:00

總共10層樓，是MUJI世界最大旗艦店！

步行 2分

斜前方路口走進去就是車站入口，穿過LUMINE則是JR有樂町駅。

21:00

銀座駅
丸之內線

Goal !

東京鐵塔與周邊藝術造鎮
散步一日

東京鐵塔　虎之門　建築設計
戶外藝術　麻布台　芝公園

紅色的東京鐵塔不僅對日本人來說是東京的代名詞，對國外旅客來講，更是東京行不可缺少的經典一站。而近年虎之門、麻布台陸續進駐的Hills商辦超大型建築，加上藝術家持，讓這區除了東京鐵塔，更增添藝術、購物、美食豐富面貌。

 早
09:00 赤羽橋駅
09:10 芝公園
增上寺
10:40 東京鐵塔

 午
六本木駅
12:30 六本木Hills
森美術館
神谷町駅
15:30 麻布台Hills
Sky Room Café&Bar

晚
虎之門Hills駅
18:00 虎之門Hills
T-MARKET
21:00 虎之門駅

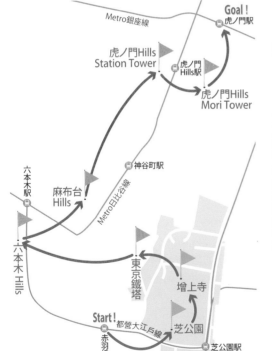

東京鐵塔+一日三城 購物美食藝術超盡興

Point!

光是東京鐵塔周邊就有多達3個Hills，以日比谷線串聯，連3站、一站就一個，想瘋狂收集，腳力可是大考驗！

Start！

09:00

赤羽橋駅
大江戶線

步行 **5分**

走出站後往東京鐵塔方向，芝公園就在鐵塔旁邊。

芝公園

09:10

停留時間 **40分**

東京鐵塔旁的芝公園是日本最古老的公園之一。占地面積廣大的公園中許多優美百年大樹，園區內還有佛寺、古蹟、飯店外也有咖啡廳等設施，這裡更是以草皮綠樹為前景，與東京鐵塔悠閒一起擺拍的好去處。

在芝公園內的中央區域。

步行 **5分**

增上寺

09:50

停留時間 **40分**

代表江戶時代德川幕府輝煌歷史的增上寺，德川家康一進駐江戶就立刻拜增上寺12代住持為師，每逢戰役告捷，便花大錢整修，讓這裡曾廣達20萬坪規模，後因明治時代廢佛運動中，消失不少，但仍是緬懷江戶輝煌時代的去處。

（時間）自由參拜，本堂6:00~17:30 安國殿9:00~17:00
（價格）自由參拜 （網址）www.zojoji.or.jp

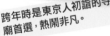

跨年時是東京人初詣的寺廟首選，熱鬧非凡。

步行 **5分**

東京鐵塔目標明顯，向目標方向走即達。

東京鐵塔

10:40

停留時間 **1小時**

東京鐵塔不但是東京象徵，也是眾多日劇或電影裡的經典場景。位於塔上150公尺的大展望台與250公尺的特別展望台，具有360度觀景視野，為俯瞰東京市容的絕佳地點。

（時間）展望台9:00~22:30 （價格）大展望台大人¥1,200，高中生¥1,000，中小學生¥700，4歲以上小孩¥500 （網址）www.tokyotower.co.jp

東京的象徵，也是眾多日劇或電影裡的經典場景。

繼續走東京タワー通、經過十字路口右轉即可到神谷町駅。

步行
10分

¥180
電車
3分

神谷町駅 日比谷線　六本木駅 日比谷線

沿車站地下連通道在C1出口即達。

步行
3分

12:30

以各種當代美術展覽為主。

六本木Hills

停留時間
1.5小時

六本木Hills以54樓超高層摩天樓為中心，呈圓幅狀展開的複合式建築裡，雲集購物、美食、電影院、日式花園、電視台、展望觀景台、商務中心、高級公寓，以及世界一流的頂級飯店，知名的森美術館也在此。午餐在此享用。

時間 11:00~21:00(餐廳~23:00)
網址 www.roppongihills.com

位於六本木Hills的 MORI TOWER 53F。

森美術館

14:00

停留時間
1小時

森美術館位在六本木Hills象徵的森之塔頂層，以現代藝術為展覽主題，除了世界性的藝術家作品外，也能欣賞到年輕新進設計者作品，展出內容十分前衛且充滿原創力，成為知名藝術朝聖地。

時間 10:00~22:00，週二~17:00 **休日** 換展期間 **價格** 依展覽而異 **網址** www.mori.art.museum

¥180
電車
3分

六本木駅 日比谷線　神谷町駅 日比谷線

麻布台Hills

15:30

停留時間
1小時

2023年11月開業的麻布台Hills，集結建築設計美學、時尚、藝術和最具話題的美食及高級酒店品牌的大型復合型設施群。在三棟摩天高樓中最具代表性的「森JP Tower」高達325公尺，成為日本第一高建築。

時間 森JP Tower 10:00~20:00，餐廳11:00~23:00
網址 www.azabudai-hills.com

在麻布台Hills森JP Tower34樓。

Hills House Sky Room Café&Bar

16:30

停留時間
1小時

位在森JP Tower34樓，是就近觀賞東京鐵塔絕美景色的咖啡店，同時也是登上JP Tower33樓展望台最便宜的低消門檻。下午茶時段除了咖啡，也可以品嚐日本法式餐廳名廚三國清三監修的甜點和紅茶。晚上則可來杯美酒配東京夜景。

時間 森JP Tower 10:00~20:00，餐廳11:00~23:00

與車站的A2出口直結。

虎之門Hills

「虎之門Hills」這處複合式大樓內集結餐飲、高級飯店、辦公室與住宅。1~4樓為商店及餐廳進駐的樓層，相接的6,000平方公尺的綠意室外空間，及灑滿陽光的開闊中庭，為這裡增添不少浪漫氣息。

時間 購物11:00~21:00，餐廳11:00~23:00 **休日** 不定休，虎之門Hills森塔休1/1~1/3

網址 www.toranomonhills.com

18:00

停留時間 1小時

公共空間裡也能欣賞到世界級藝術作品。

在虎之門Hills Station tower B2F。

T-MARKET

停留時間 1.5小時

19:00

位在虎之門Hills車站改札外的T-MARKET，同時是全新開幕的「虎之門車站大樓」最具話題的區域。這處美食街最大特徵是只要掃描QR碼，就能同時品嚐到各家餐廳的限定MENU。除了餐廳外，還有花店、雜貨等27間店舖進駐。

時間 平日、週六8:00~23:00 /週日、例假日~22:00

Tips 三座Hills攻略

三座Hills相距很近，雖然一天能全走訪，但各空間區域都頗為巨大，想一次解鎖，定要有所取捨。六本木Hills最早成型，也最精彩。想結合東京鐵塔，麻布台Hills最適合；鄰近東京站的虎之門，美食新設施也不少，交通便利度最適中。

21:00

虎ノ門駅 日比谷線

Goal !

東京・銀座・皇居周邊

上野位在東京駅與淺草的中間位置，與熱鬧的秋葉原就只有一站的電車站距離，街區的氛圍卻是大不相同，但同樣都是適合全齡的好逛、好玩區域。上野以上野公園及鄰近的日幕里、谷根千一帶的老派安靜氣息，加上整個廣大的公園內各式博物館、美術館充沛，還有大人小孩都愛的上野動物園，一旁的阿美橫丁則是滿滿庶民的熱鬧購物美食風格。秋葉原不用多說，動漫愛好者一定要來朝聖外，滿滿電器街也讓男生們熱血沸騰，御宅族文化也來自這裡，卻展現一點都不宅的驚人活力，現在的秋葉原也發展更多新形態創意手做據點，展現不同面貌。

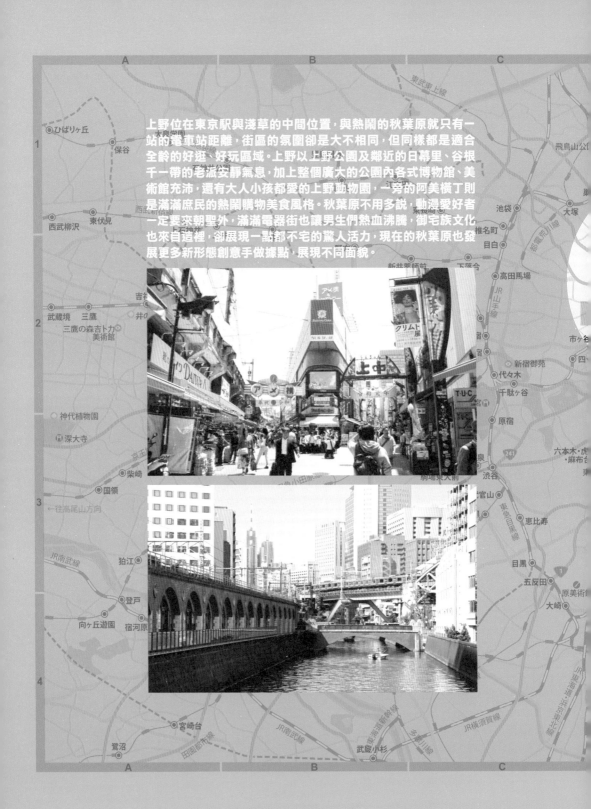

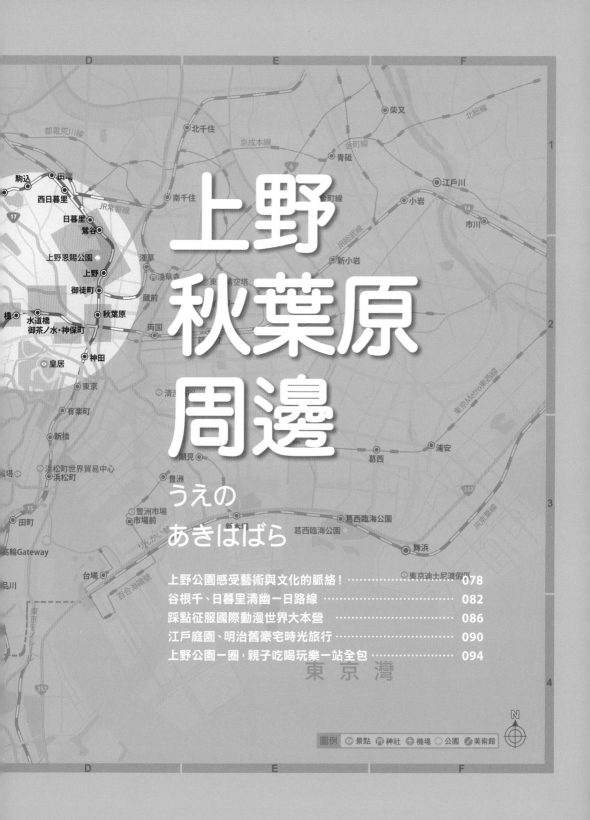

上野秋葉原周邊

うえの
あきばら

圖例 ◎景點 🏯神社 ✈機場 ◎公園 🖌美術館

上野公園感受藝術與文化的脈絡！

東京博物館　　上野公園　　谷根千
根津神社　　老舖和菓子

不管大人小孩，上野公園一帶絕對能滿足各種旅行需求。境內綠意滿點，大小博物館、咖啡廳、動物園錯落，悠閒的城市公園散步就在這裡！尤其東京博物館的五大展館群、境內設施，11萬件亞洲美術展示品，讓人大飽眼福。

早
09:30 上野駅
10:00 東京博物館
　　　谷根千
12:30 カヤバ珈琲

午
14:00 SCAI The Bathhouse
15:00 觀音寺 築地塀
16:00 根津神社

晚
17:10 C.A.G.
17:40 菊見仙貝
18:10 Canova
20:00 千駄木駅

日暮里駅

Goal！
千駄木駅

觀音寺 築地塀
觀音寺
谷中靈園

菊見仙貝總本店

Canova

C.A.G.

SCAI The Bathhouse

カヤバ珈琲

鶯谷駅

根津神社

Metro千代田線

東京國立博物館

根津

上野動物園

上野公園

Start！
上野駅

晴空綠意、藝術、文化、自然
多元面相讓人滿足

Point! 從上野公園可以用步行串聯谷根千,整天走下來其實也挺累。還好沿路咖啡廳、餐廳很多,累了就休息一下吧!

Start!

09:30 上野駅 JR山手線

步行 9分

雖然JR鷹谷駅離博物館最近,但一早散步公園當起手式,也很舒適。

東京國立博物館

停留時間 2小時

10:00

有本館、東洋館、表慶館、平成館與法隆寺寶物館等5個分館的東京國立博物館,是日本歷史最悠久的博物館。館藏以日本為中心,收藏東亞諸地的文化財,讓一般大眾都能親近歷史美術作品。

時間 9:30~17:00 **休日** 週一,年末年始,不定休
價格 常設展大人¥1,000、大學生¥500
網址 www.tnm.jp

步行 9分 沿博物館大門前方道路右轉直走即達。

カヤバ珈琲

停留時間 1.5小時

12:30 位在谷中與上野堺隈之上的カヤバ珈琲,是棟古樸的日式兩層樓建築咖啡屋,推薦點份招牌的雞蛋三明治,溫熱的烤吐司夾著厚實鬆軟的炒蛋,一口咬下香嫩滑口,經典老味道當屬這一味。

時間 8:00~18:00 **休日** 週一
網址 www.instagram.com/kayabacoffee/

Tips 上野恩賜公園內除了東京國立博物館的博物館群外,還有國立西洋美設館、東京美術館等多達6~7個場館,規模都不小,最好分次來訪。

Tips 在國際博物館日(5/18)、週年紀念無料開館日(7/20~7/24)、敬老日(9月第三個週一)、文化之日(11/3)等幾天,博物館的常設展(綜合文化展)開放民眾費入場。

在同一條路上。

步行
2分

14:00

SCAI The Bathhouse

前身是名為柏湯的澡堂，後來轉型為藝廊。瓦片屋頂和煙囪有著優雅的外貌，走進其中，挑高的空間給出意外寬敞感。除欣賞新進藝術家作品，更可感受到東京蓬勃藝術脈動。

停留時間
50分

時間 12:00~18:00
休日 週日、一、例假日，換展期間
網址 www.scaithebathhouse.com

沿途都是寺院，相當清幽。

步行
6分

停留時間
15分

觀音寺 築地塀

15:00

觀音寺築地塀位於距谷中靈園林蔭大道的不遠處，是面由瓦片和泥土堆砌而成的土牆，距今已有200年歷史，雖僅50公尺的長牆，卻是谷中一帶江戶風情的代表地之一。

時間 自由參觀
網址 yanaka-kannonji.jp/wall/

此段巷弄多，但充滿風情，迷路也無妨。

步行
17分

根津神社

16:00

根津神社為戰國時期桃山風格建築，一旁連綿十幾公尺長的朱紅鳥居「乙女稻荷」也是代表性的景點之一。本殿和拜殿等建築群則為1706年所建，是現存江戶時代神社當中規模最完整。

停留時間
1小時

時間 16:00~17:00(依季節微調)
價格 自由參拜
網址 杜鵑花祭期間大人¥500、小學生以下免費

4~5月的杜鵑季，3,000多株萬紫千紅的花朵是最知名勝景。

步行 6分

17:10

C.A.G

停留時間 **30分**

C.A.G.是法文「手作灰帽」的簡稱，店裡部分販賣店主挑選的設計雜貨，另一部分則是訂做的手作帽子工房，若來不及訂做一頂帽子，也可以到這裡看看品質良好的生活雜貨。

時間 13:00~19:00 **休日** 週一~三

網址 www.gris-hat.com

步行 3分

菊見仙貝 總本店

17:40

停留時間 **20分**

在谷根千老街區，仙貝店不少。而明治8年(1875年)創業的菊見仙貝，富有古風的木造建築，幸運未受關東大地震和戰爭波及，至今依然保存完好。店內仙貝特徵是呈四方形，香脆不黏牙，無論哪種口味，都別具滋味。

時間 10:00~19:00 **休日** 週一 **價格** 醬油仙貝(1袋14枚)¥980 **網址** www.kikumisenbei.tokyo/

從大的玻璃缸中挑選喜歡的仙貝，邊走邊吃最對味！

步行 3分

餐廳就在電車站邊。

18:10

Canova

停留時間 **1.5小時**

外觀不起眼的Canova是在地人才會來的餐廳，多彩的蔬菜料理不僅健康更是美味，利用義式烹調手法保持食材原味，不以花俏的調味取勝，因為店內空間較小，位置也不多，用餐時間總是座無虛席。

時間 11:30~15:00(L.O.13:30)、17:30~23:00(L.O.21:30) **休日** 不定休

步行 1分

套餐豐盛，每道料理精緻又美味。

千駄木駅
Metro千代田線

20:00

Goal！

谷根千、日暮里
清幽一日路線

谷根千　　老派生活　　谷中銀座
日暮里　　上野公園　　上野阿美横丁

「谷根千」是指谷中·根津·千駄木地區,這裡保
留江戶後期的古樸風情,飄蕩著悠閒和緩的慢板
步調,是一處有貓、有小巷子、有濃濃生活情緒的
地方,安靜的街巷、古老的木造建築,舊式風景令
人著迷。

早	**09:30** 上野駅
	09:40 上野恩賜公園
	12:00 日暮里駅
	12:10 膳カレーじねんじょ

午	**13:30** 谷中銀座
	Neco Action
	谷中松野屋
	冰蜜堂

晚	**17:00** 伊豆榮
	18:30 阿美横丁
	21:00 上野駅

JR山手線

🚩Goal!
上野駅
Start!

atre上野

上野公園

阿美横丁

日暮里駅

伊豆榮 本店

薬膳カレーじねんじょ
(谷中店)

湯島駅

谷中銀座商店街
(Neco Action、谷中松野屋、氷蜜堂)

Metro千代田線

千駄木駅

老派慢步調街區VS.文青小店清新風貌

Point!

谷根千一帶以散步是最適合的，小巷弄不少，走起來雖沒有直線距離的直截，但卻有著轉彎後才見的悠然風情！

Start！

進入公園會看到西鄉隆盛的青銅雕塑，可說是公園代表性標誌。

09:30

上野駅
JR山手線

步行 3分

上野駅不忍口出來即是公園南側入口。

上野恩賜公園　**09:40**

停留時間 2小時

上野公園是東京都內最大的公園，除了有各種藝文設施，還有幾處頗具歷史的神社小堂。公園內四季皆美，春天是賞櫻聖地，夏日的荷花、秋季紅葉和冬天庭園內少見的冬牡丹等，都讓公園更添風情。

時間 24小時開放，各景點設施時間不一

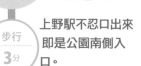

¥150
電車 5分

上野駅
JR山手線

日暮里駅
JR山手線

步行 5分

清爽口味的日式咖哩一解夏季熱氣，超活潑老闆讓用餐氣氛輕鬆！

膳カレーじねんじょ　**12:10**

停留時間 1.5小時

懷舊咖哩「じねんじょ」，秉持東洋醫學中的藥食同源概念，以不加化學添加物和奶油，只使用8種野菜蔬果、11種香料並加入6種和漢生藥煮出人氣藥膳咖哩，可搭配不同肉類選擇，各有不同滋補作用。

時間 11:30~16:00、17:30~21:00，週四11:30~16:00
休日 週一、週四晚上

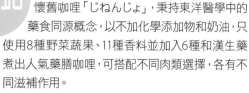

步行
5分

最能代表谷根千的非
「貓」莫屬！

老街兩旁賣店吆和聲，
讓人感受到下町的熱
情活力！

13:30

谷中銀座

這條富有活力的古老商店街，感覺像台灣鄉下的廟口小街。小巧又精緻的店家毗鄰而立，除了蔬果店、麵包店、生活雜貨、便宜衣服、木屐鞋襪等民生用品外，還有許多很有意思的特色小店，平凡中帶有老街獨有氛圍。

停留時間
40分

時間 約10:00~19:00(依店舖而異)

網址 www.yanakaginza.com

在商店街中。

步行
1分

14:10

停留時間
30分

Neco Action

很多愛貓者都會來此尋找貓的身影，貓雜貨的出現也很理所當然。店內有鋪天蓋地、各色各樣風格貓雜貨，還有貓用餅乾和臥舖等可愛商品。

時間 11:00~18:00　休日 週一

網址 www.necoaction.com

步行
1分

在商店街中。

14:40

谷中松野屋

販賣各種手工製作的生活用品，超過60多年歷史的老舖，秉持對於手工製作、天然素材、經久耐用和價格合理的理念，至今依舊是熱門店。

停留時間
40分

時間 11:00~19:00

休日 週二

網址 matsunoya.jp

Tips

氷蜜堂假日人潮眾多，因此會發放號碼牌，最好一抵達谷中銀座，先來取牌，再去逛街。

15:40

氷蜜堂

停留時間
1小時

門前總是長長人龍，想吃上一碗，有時光排隊就要1小時！店內Menu分為夏季與冬季兩種，夏天只提供刨冰，冬天除了刨冰外也提供自家製焗烤料理。

時間 10:00~18:00，8月無休　休日 週一、二　價格 招牌草莓牛奶冰¥1,500　網址 himitsudo.com

各式優雅風格雜貨、老物，喜歡生活美學的人不能錯過！

電車
5分 ¥150

日暮里駅 JR山手線　上野駅 JR山手線

步行
8分

停留時間
1.5小時

伊豆榮 本店

17:00

創業於江戶時代的鰻魚料理老舖,至今約有260年的歷史。這裡的蒲燒鰻魚採用和歌山的備長炭溫火燒烤,搭配小菜、湯品、生魚片等,另外還有提供鰻魚的傳統江戶料理柳川鍋,同樣十分夠味。

時間 11:00~21:00(L.O.20:15)
休日 御會席套餐¥8,800起,うな重(鰻魚飯定食)¥3,630起
網址 www.izuei.co.jp

步行
4分

來日本必逛的藥妝店家也超級多!

停留時間
2小時

阿美橫丁

18:30

上野車站南側的高架鐵軌橋下一路延伸到御徒町的阿美橫丁,據說名字源自「America」的縮寫。熱鬧非凡的這裡,熱鬧又滿滿人氣,瓜果餅乾、小吃燒烤、雜貨服飾、電器屋等,連藥妝都號稱夠便宜。

時間 各店營時不一　**網址** www.ameyoko.net/

步行
4分

如果還逛不過癮,車站裡atre上野也可繼續瞎拼到21:00。

atré WEST
THE GARDEN

上野駅 JR山手線

21:00

Goal !

踩點征服國際動漫世界大本營

秋葉原　万世橋　神保町舊書街
女僕咖啡館　御宅族

秋葉原不僅是東京最知名3C電器街，電玩影音軟硬體及動畫周邊商品更是豐富，加上御宅族之詞興起於此，更加深這裡的大本營印象。近來結合文創的購物設施mAAch ecute、2k540 AKI-OKA ARTISAN等，讓秋葉原成為更多元的流行發信地。

早
09:00 神保町駅
09:10 豆香房
10:00 姉川書店
11:00 書泉グランデ

午
秋葉原
12:30 mAAch ecute 神田万世橋
15:00 GAMERS
16:30 @home café

晚
18:00 animate
19:00 鐵道居酒屋Little TGV
20:30 ラジオ会館
21:30 秋葉原駅

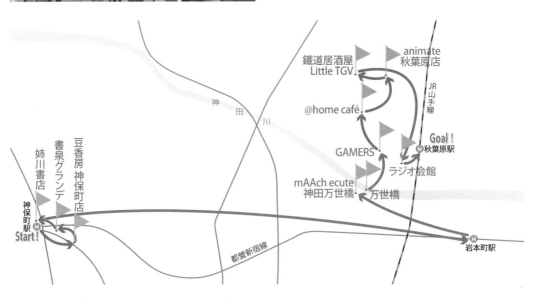

非典型阿宅路線
舊書屋、新動漫還有創意設計風格

Point! 今天路線要買的東西恐怕有點重量，背個大背包出門吧。

Start!

09:00

神保町駅
都營新宿線

早上先來這裡喝杯咖啡醒醒腦吧。

出站後從A9出口最近。

步行 **3**分

停留時間 1小時

09:10

豆香房 神保町店

在神田一帶有4間分店，營造出充滿義式風格的懷舊氛圍，專門售販現沖咖啡與來自世界各地的咖啡豆，特別推薦點份霜淇淋搭配熱咖啡享用。

時間 7:30～18:30，週六9:00～17:00，週日12:00～17:00 **休日** 國定假日

網址 www.mamekobo.com/

步行 **6**分

在車站邊。

10:10

姊川書店

停留時間 1小時

神保町的知名特色書店之一，專門銷售與貓相關的書籍，貓迷們一定要來逛一逛，書店還提供由插畫家くまくら珠美設計的原創書衣，非常值得收藏。

愛貓人士必逛，貓咪書籍雜貨讓人買到欲罷不能。

步行 **4**分

時間 10:00～18:00 **休日** 週日
網址 nyankodo.jp

11:10

書泉グランデ 神保町

停留時間 1小時

整棟地上六層、地下一層，書籍種類豐富外，尤其是6樓的鐵道俱樂部更是受鐵道迷熱烈歡迎，每月都會不定期在7樓舉行鐵道相關物品的拍賣會。

時間 11:00~20:00 **休日** 1/1
網址 www.shosen.co.jp

¥180

電車
2分

神保町駅
都營新宿線

小川町駅
都營新宿線

舊萬世橋駅以全新姿態重生,在紅磚高架橋底延續百年繁華。

步行
5分

mAAch ecute 神田万世橋

位在舊萬世橋駅原址上的購物中心,選進的店舖皆在地方上小有名氣。雖然轉變為商場,還是能見到萬世橋車站遺跡。午餐就在這裡享用吧。

12:30

停留時間
2.5小時

時間 商店11:00~20:00;餐飲11:00~23:00

網址 www.ecute.jp/maach

步行
4分

停留時間
1.5小時

GAMERS

GAMERS在全日本擁有15家店舖,位在秋葉原的總店,共有七層樓面,最新的遊戲軟體、最新漫畫、動畫DVD這裡都可以找到。其它還包括女性漫畫專區、同人誌、公仔、食玩等商品。

15:00

時間 10:00~21:00

網址 www.gamers.co.jp

步行
4分

16:30

@home café

秋葉原老字號女僕咖啡廳,可愛的女僕會親切地為您端上飲料、倒奶精,或者在蛋包飯上用番茄醬畫上可愛的貓咪圖案。氣氛十分歡樂,語言不通也沒問題。

秋葉原老字號女僕咖啡廳,外國觀光客不少。

時間 11:00~22:00

休日 不定休 價格 入場費1小時大人¥780、大學生¥670、高中生¥560、國中小學生及60歲以上¥450。

停留時間
1.5小時

ドリンクコース(含飲品及紀念拍攝)¥1,540 網址 www.cafe-athome.com 注意 店內不可隨意拍照

步行
3分

18:00

animate 秋葉原店

綜合了漫畫、同人誌、ＰＣ
GAME、漫畫雜誌以及周邊商
品等，商品豐富齊全，還會推出只有這裡才買得到
的animate封面限定版漫畫！

停留時間
1小時

時間 11:00~21:00

網址 www.animate.co.jp

步行
3分

停留時間
1.5小時

鐵道居酒屋Little TGV

以鐵道為主題的女僕居酒屋，
結合女僕店可愛氛圍，由穿著可愛制服的服
務生化身為車掌小姐，引導顧客至電車座椅改
成的座席，店內有著濃濃鐵道氣氛。

19:00

由車掌小姐親手捏成
愛心形狀的飯糰，萌到
不行。

時間 10:00~20:00，B1F至22:00

休日 週一

網址 littletgv.com

步行
8分

就位在秋葉原車站邊。

ラジオ会館

20:30

宛如早期的光華商場，這裡
可說是尋寶殿堂，八層樓空間
聚集了各家小店，電腦、音響以及模型玩具、公
仔、娃娃、同人誌、漫畫等商品，應有盡有，海洋堂
在這裡也有直營店。

停留時間
1小時

時間 18:00~23:00，週六、例假日16:00~23:00

網址 www.akihabara-radiokaikan.co.jp

步行
1分

一旁即為車站。

21:30

秋葉原駅
JR山手線

Goal !

江戶庭園、明治舊豪宅
時光旅行

明治豪宅　　江戶庭園

飯田橋　　神樂坂　　水濱餐廳

飯田橋一帶最迷人坂道之一的神樂坂，有著東京小法國之稱，蜿蜒起伏的斜坡石坂路與古老街燈，彷彿連結了傳統日本與歐洲巴黎，江戶時期知名庭園也在此，不同文化語彙在此完美交會，呈現出細膩柔美的豐富地景。

 早
09:30 湯島駅
09:40 舊岩崎邸庭園
　　　　 飯田橋
11:00 小石川後樂園

 午
13:00 CANAL CAFE
15:00 makanai
16:00 山下漆器店

 晚
17:00 赤城神社
18:00 AKOMEYA TOKYO in la kagū
20:00 神樂坂駅

橫跨東京中心區域
不同時代風情完美交融

Point!

今日以東京中心點飯田橋所展開的優雅小旅行，利用電車跟散步一一拜訪，是最適合又輕鬆的。

Start!

09:30

湯島駅
Metro千代田線

出站後從A9出口最近。

步行
3分

歐式宅邸混合英國文藝復興與些許伊斯蘭元素，氣派堂皇。

停留時間
1小時

舊岩崎邸庭園

三菱集團創始人的豪邸舊岩崎邸庭園，在全盛時期曾有二十多棟和、洋不同建築，廣闊的庭院承繼自江戶時代的大名，是最早洋式草坪與日式庭院結合的典範。

時間 9:00~17:00 **休日** 12/29~1/1
價格 大人¥400，65歲以上¥200，國中生以下免費

09:40

¥180
電車
5分

上野御徒町駅
都營大江戶線

飯田駅
都營大江戶線

步行
5分

園內最有名的景色是春天盛開的百歲枝垂櫻，秋天也有紅葉可賞。

11:00

小石川後樂園

停留時間
1.5小時

小石川後樂園建於江戶初期寬永6年(1629年)，為德川家以泉池為主景所建造的回遊式築山泉水庭園，沿著主要的大泉池順遊園內，欣賞池影小山、樹林拱橋，感受景觀隨著角度變化，十分怡人。

時間 9:00~17:00 **休日** 12/29~1/1
價格 大人¥300、65歲以上¥150、國中生以下免費

沿著外堀通走，咖啡餐廳
就在外濠邊。

步行
15分

停留時間
2小時

13:00 **CANAL CAFE**

沿著外濠河畔搭建的義大利餐廳CANAL
CAFE，河畔浪漫
的氣氛，成為電視
電影的外景熱門拍
攝地。午間套餐
有義大利麵、披
薩等，也可單點
飲料和蛋糕。

也可以租船
遊河。

時間 11:30~22:00，
租船11:30~16:00

休日 每月第1、3個週一

步行
5分

價格 PIZZA¥1,500起

網址 www.canalcafe.jp

停留時間
40分

makanai **15:00**

強調天然素材和日本傳統的
「和」味，是東京唯一的獨立店舖。店裡販售的
化妝品和保養品包裝精巧，並有柚子、
金箔、綠茶等日本風味的天然成分。

讓人愛不釋手的
兔子雜貨店。

時間 10:30~20:00

網址 makanaibeauty.jp

步行
5分

將小黑貓和神樂坂
風情一同入畫。

16:00 **山下漆器店**

創業60餘年的山下漆器店是
神樂坂上的老店，店面看起來布置簡單，但挑
選陳列的杯碗、漆筷等都很有質感，其中也不乏帶
著現代氣息的傳統小物。

停留時間
40分

時間 11:00~19:00，週日、例假日13:00~18:00

休日 週日不定休

網址 syoutengai-web.net/yamashitasikkiten/
index.html

步行 **5**分

位在赤城神社內的 **AKAGI Café。**

17:00 赤城神社

停留時間 **40**分

　　原本老朽的赤城神社，經過「赤城神社再生計劃」，請來日本建築大師隈研吾設計規劃，成為結合現代建築與神社的綜合體，有住宅有神社、也有咖啡。

時間 自由參拜

網址 www.akagi-jinja.jp

步行 **5**分

停留時間 **2**小時

AKOMEYA TOKYO in la kagu

18:00

　　集結日本20多種美味米飯，可買米之外，餐桌上需要的醬料、食料、烹飪器具等日本職人品牌，也能一次購足。更把AKOMEYA廚房、茶屋放進來，現場就能吃到美味餐點。2樓還有雜貨風服飾與主題快閃食材店、飲食活動空間等。

時間 購物、餐飲11:00~20:00

網址 www.akomeya.jp/store_info/store/sinlakagu/

改建自出版社倉庫，變身成食飲風格據點。

步行 **1**分

車站就在一旁。

20:00

神樂坂駅
Metro東西線

Goal !

上野‧秋葉原周邊

上野公園一圈
親子吃喝玩樂一站全包

上野公園　動物園　科學博物館
菓子老舖　阿美橫丁

親子遊最怕舟車勞頓，來到上野公園則是絕佳選擇。公園內設施豐富，光數量眾多的美術館、展示館不說，連動物園都有，貓熊更是園內可愛擔當，難怪榮登日本最受歡迎動物園，而且公園周邊有谷根千老街、上野購物街，一站囊括所有吃喝玩樂，一天都玩不完。

| 早 | **09:30** 上野駅
10:00 上野動物園 |

| 午 | **谷根千**
14:00 嵯峨の家
14:40 桃林堂
上野
15:10 國立科學博物館 |

| 晚 | **17:30** 阿美橫丁
みなとや 本店
百果園
21:00 上野駅 |

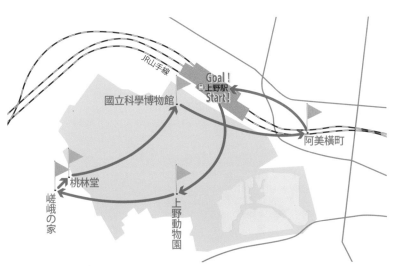

公園、動物園、科學館
PLUS阿美橫丁各式電玩扭蛋跟美食

Point!

親子遊最怕小孩不耐走，圍繞公園周邊有循環巴士「東西めぐりん線」可善用，約每20分鐘一班次、單次¥100(1個大人可免費帶2名幼兒免費)。

Start!

09:30　🚃 上野駅 JR山手線

Tips

動物園區分為東、西兩區，也可乘坐電動車輕鬆移動。東西區內，也各有2處餐廳，中午就在園區裡悠閒享用吧。

步行 5分

上野駅公園口出來，經西洋美術館直走就是動物園正門。

停留時間 3.5小時

上野動物園

10:00

1882年開園，是日本歷史最悠久、也是日本參觀人數最多的動物園。園裡有大象、北極熊、大猩猩等約500種動物，其中包括馬達加斯加指猿、馬島獴、小鼷鹿等，都是日本唯一有飼養的動物園。

時間 9:30~17:00(入園至16:00)
休日 週一、12/29~1/1
價格 大人¥600，國中生¥200，65歲以上¥300，小學以下免費
網址 www.tokyo-zoo.net/zoo/ueno

最受注目的嬌客是貓熊，已成為上野最可愛的象徵。

步行 10分

從動物園正門出，經東京都美術館旁道路直走即達。

嵯峨の家

14:00

在谷根千老街區，仙貝店很多也是必吃。創業於大正3年(1914年)的嵯峨の家，以傳統做法選用來自紀州的備長炭烘烤，使仙貝有炭火焙出來的焦香。

時間 9:00~18:30

停留時間 20分

上野 秋葉原周邊

往回走，就在藝術大學外的路口。

步行
3分

微香外皮、配上丹波大納言紅豆館的小鯛燒 ¥290。

14:30

桃林堂 上野店

位於谷根千邊緣的桃林堂是個町家建築裡的和菓子店，空間內器物、家具甚至門窗、壁面都可看到長久使用而累積的潤澤，充滿沉穩氣息。人氣商品是小鯛燒，滋味淡雅，不甜不膩。

停留時間
30分

時間 9:30~17:00 **休日** 週一、1/1~3
網址 www.tourindou100.jp

步行
10分

直走回到上野公園，直線續行就會看到，不會迷路。

停留時間
1.5小時

國立科學博物館

15:30

日本唯一的綜合性科學博物館，歷史悠久；巨大的鯨魚雕塑就橫跨在大門前廣場上，相當醒目。館內分為「日本館」和「地球館」兩部分，最受小朋友歡迎的當然是恐龍化石和各種隕石的收藏區。

時間 9:00~17:00 (入館至16:30)
休日 週一、12/28~1/1
價格 常設展¥630、高中生以下免費
網址 www.kahaku.go.jp

阿美橫丁在上野車站的鐵軌邊平行街道。

步行
10分

停留時間
3小時

阿美橫丁

17:30

阿美橫丁無論何時都是人潮滿滿滿，但好買好吃，無庸置疑，無論爸爸要的電器、媽媽要的百貨公司與伴手禮、姊姊要的藥妝與飾品、弟弟要的扭蛋與玩具外，各式食堂、街頭小吃也超多，來這裡真的沒辦法照表定時間抄課，想去的店、看見人潮比較少的時候，趕快先去就對了。

時間 各店營時不一
網址 www.ameyoko.net/

百果園

百果園可說是必逛的招牌名店，賣的是種類豐富的新鮮高級水果，最有名的是一串串的水果棒，飯後來一串，剛剛好。

時間 10:00~19:00

みなとや 本店

店內除了販賣各種乾果食品，最有名的就要算是用透明帆布搭出的海鮮丼屋，擺上滿滿夠份量的新鮮鮪魚的海鮮丼居然只要¥500起，不吃都對不起自己。

時間
11:00~19:00(週六日及例假日至19:45)

步行
5分

21:00

上野駅
JR山手線

Goal !

隅田川可說是江戶時代重要的水運路線，沿線串聯的不少區域，都是自江戶時代就發展興盛的城下町的庶民所在區域，其中又以淺草為最重要的代表。兩國則至今仍是日本相撲重要據點，而從江戶時代就開始的夏季賞花火活動，至今仍是兩國每年夏季最歡騰熱鬧的時分。當然沿河川兩側還有迷人的藏前、清澄白河，都從江戶老風貌變身成文青新據點，押上則因晴空塔而展開完全不同的3維玩樂方式。不論沿河散步、駕駛卡丁車拜訪這些區域，或是搭上遊船，亦或自己雙手划船前行，都能以不同方式感受這帶數百年的時光轉化。

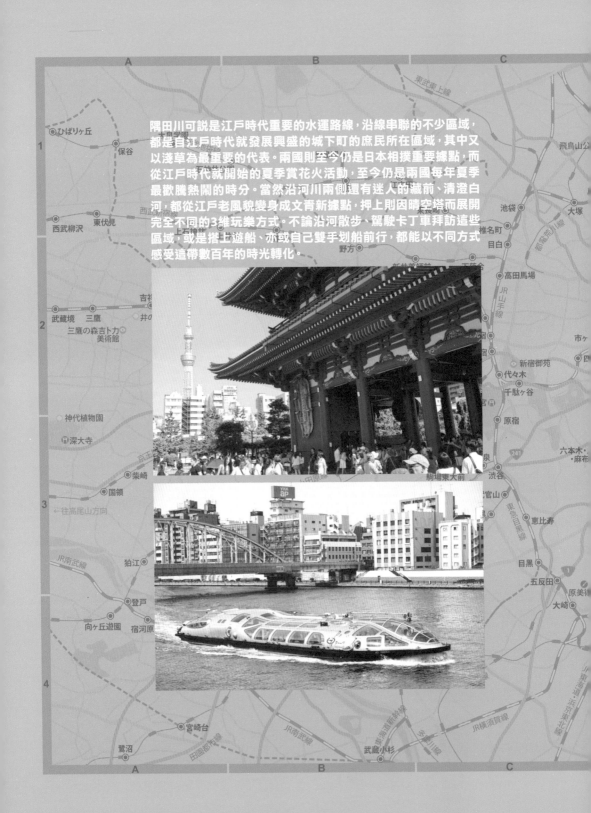

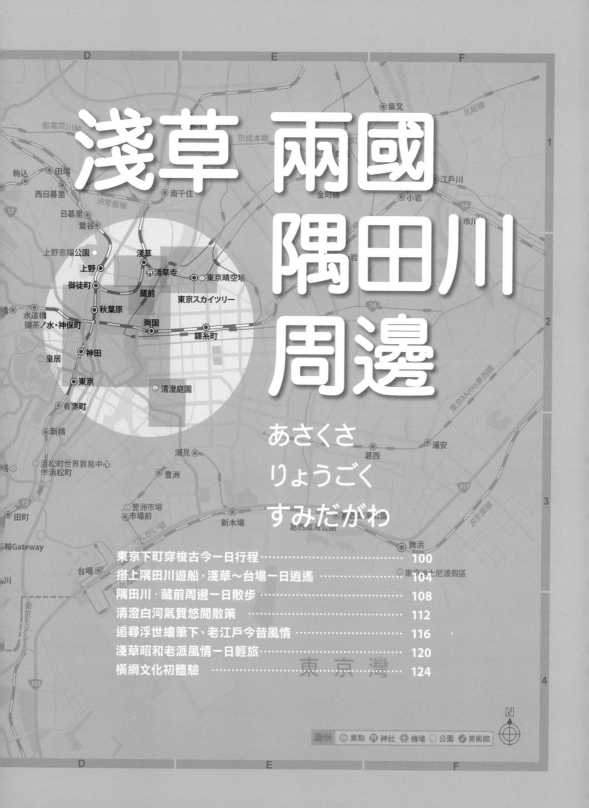

淺草 兩國 隅田川 周邊

あさくさ
りょうごく
すみだがわ

圖例 ◎景點 ⛩神社 ✈機場 ◎公園 ✦美術館

N

東京下町穿梭古今
一日行程 🏷

雷門　仲見世通　淺草寺　晴空塔　上野阿美横丁

淺草一帶是最具江戶風情的東京觀光勝地，也是許多外國人來到東京的必訪處。晴空塔自從落成以來，毫無疑問地已經是造訪東京的NO.1！安排一日行程，白日淺草、晚上上野，三大精華地區一日就能跑透透。

早

09:30 淺草駅
　　　仲見世通
　　　淺草寺
　　　大黑家

午

13:10 淺草文化觀光中心
14:00 晴空塔展望台
　　　TOKYO Solamachi
　　　Konica Minolta Planetarium
　　　天空

晚

　　　上野
18:00 阿美横丁
　　　やきとり文楽
20:30 上野駅

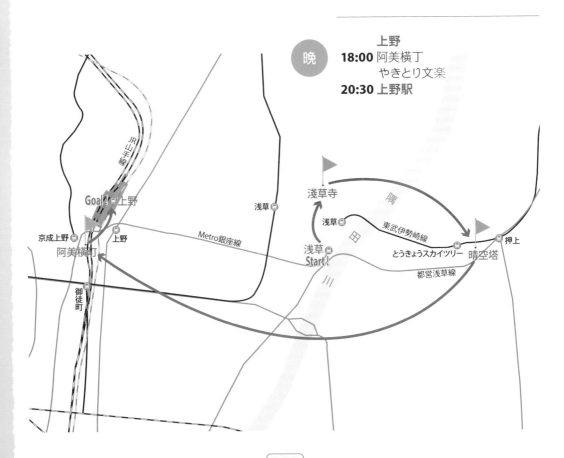

三大區域串聯 初訪東京黃金行程

Point!

用走路也可以串聯三大區！從淺草步行至晴空塔、上野都大概半小時左右，不趕時間的話可用雙腳感受下町魅力，當然搭電車比較不累。

Start!

09:30

淺草駅
Metro銀座線

車站1號出口，穿過雷門即是。

步行 **1**分

雷門是必打卡的拍照景點！

09:40

仲見世通

停留時間
1小時

穿過淺草寺的入口地標雷門後，就是長長的仲見世通。兩側聚滿了商家，有許多有趣的小玩意、工藝品與和菓子等，是淺草最熱鬧的街道，邊走邊吃最是盡興。

時間 約9:00~19:00
網址 www.asakusa-nakamise.jp

沿仲見世通一直朝本堂前進。

沿路有許多小吃，木村家本店的人形燒是必嚐名物。

10:40

淺草寺

停留時間
40分

相傳千年前漁夫在隅田川中，撈起了一尊黃金觀世音菩薩像，於是建小廟堂虔心供奉，後來漸漸成為了武將和文人信仰中心，而成為江戶時最熱鬧的繁華區，現在依然香火鼎盛。

時間 價格 自由參拜
網址 www.senso-ji.jp

走至傳法院通右轉即達。

酥脆炸物和醬汁天生絕配。

步行 **5**分

11:30

大黑家

停留時間
1.5小時

主打天婦羅的淺草百年老店，古樸的和式建築外觀，可感受出它的歷史。招牌「海老天丼」，蝦子又大又新鮮，淋上特製獨門醬汁，香濃美味勁兒讓人齒頰留香。

時間 11:00~20:00 價格 海老天丼¥2,400
網址 www.tempura.co.jp

Tips

拍美照

東京晴空塔落成後，從淺草寺境內也可以眺望美景。若想要拍到寺廟與晴空塔同框的畫面，過寶藏門這側拍過去最美。

淺草·兩國·隅田川周邊

走回仲見世通，在雷門對面。

步行
15分

13:10

停留時間
40分

淺草文化觀光中心

淺草雷門對面的和風摩登大樓，是由名建築師隈研吾操刀，1、2F不僅是觀光資訊中心，也能換錢與購票；8樓的展望台與咖啡廳可以欣賞淺草市街與晴空塔的美妙風景。

(時間) 9:00~20:00，8F咖啡10:00~20:00
(價格) 展望台免費

¥160

電車
3分

淺草駅
東武伊勢崎線

東京
晴空塔駅
東武伊勢崎線

出站後至晴空塔4樓，由正面入口進入搭電梯。

步行
5分

停留時間
1小時

晴空塔展望台

14:00

標高634公尺的電波塔如同大樹拔地高起，取代了東京鐵塔，成為東京新地標。展望台分為二層，第一望台「天望Deck」有景色優美的展望咖啡以及浪漫夜景餐廳，第二展望「天望回廊」有繞塔一周的360度空中迴廊。

(時間) 展望台10:00~22:00(入場至21:00)
(價格) (天望Deck+天望回廊)一般¥3,500、國高中生¥2,350、小學生¥1,450、6歲以下免費。(以上價格為平日價)
(網址) www.tokyo-skytree.jp

晴空塔商店裡有許多限定商品，晴空妹妹SORAKARA超可愛。

5樓為展望台出口，走出來後即為Solamachi。

天望回廊，讓人有種走在宇宙中的錯覺。

15:00

TOKYO Solamachi

停留時間
1小時

包含晴空塔展望台、樓面7層的大型商場TOKYO Solamachi，囊括美食街、餐廳、在地銘菓，好逛又好吃。戶外也包括押上至東京晴空塔之間約3.69公頃綠地、廣場和沿河步道，區域廣闊，想要全部逛完，可得花上半天以上。

(時間) 購物10:00~21:00，餐廳11:00~23:00
(網址) www.tokyo-solamachi.jp

位在Solamachi West Yard 7F。　　　　場次不多，最好事先確認播放場次時間再過來。

16:00 Konica Minolta Planetarium 天空

停留時間
1小時

　　在城市裡仰望滿天星斗不是夢！結合最新立體音響、投影裝置與舒適座椅，打造出夢幻的奇跡星空劇場。強調漆黑夜空中繁亮的星，配合動人的音樂與劇情，每天輪番上演2至3個劇目，讓人心動。

時間 平日10:30~22:00，週末例假日9:30~22:00

價格 Planetarium作品一般席￥1,600

網址 planetarium.konicaminolta.jp/tenku

巴士 ￥230 25分
東京スカイツリータウン站　　JR上野駅公園口站

步行 5分　搭乘Skytree Shuttle上野淺草線，至上野駅下車。

18:00 やきとり文楽

停留時間
1.5小時

　　阿美橫丁高架橋下有多家平民美食店鋪，やきとり文樂賣的就是最大眾化的烤雞肉串，便宜的價格加上無敵的燒烤香氣，吸引許多上班族來報到，路邊攤的屋台形式，讓人都容易融入飲酒歡樂的氣氛中，和鄰座的顧客很快就打成一片。

時間 14:00~23:00，週末及例假日12:00~22:00

價格 烤雞串￥360/2支，生啤酒￥480

順便逛逛 Coffeeビタール

阿美橫丁上可以看到許多從世界各國進口的食品雜貨專賣店，Coffeeビタール就是其中之一，商品以咖啡為主，也有自家烘培咖啡豆，經過就會聞到陣陣咖啡香。

時間 11:00~18:30　**休日** 週三

步行 5分　往回走即為車站。

20:00 上野駅

JR山手線

Goal!

搭上隅田川遊船
淺草～台場一日逍遙

淺草老街區　台場　隅田川
水上巴士　吾妻橋　賞景餐廳

淺草除了沿途處處古樸的建築,可來此尋找江戶城下町的氣息外,也別忘淺草最重要的那一抹水藍優雅緞帶～隅田川,今日就以隅田川為行程起點,坐上水上巴士前往台場再返回,接著漫步探訪淺草的悠閒老街區。

早
09:30 淺草駅
10:00 隅田川水上巴士
　　　　台場
11:00 台場-彩虹大橋

午
　　　　淺草
13:10 淺草-神谷バー
14:40 淺草和泉屋
15:20 傳法院通

晚
16:00 珈琲天國
17:30 Ekimise
18:30 淺草晴空Terrace
20:00 淺草駅

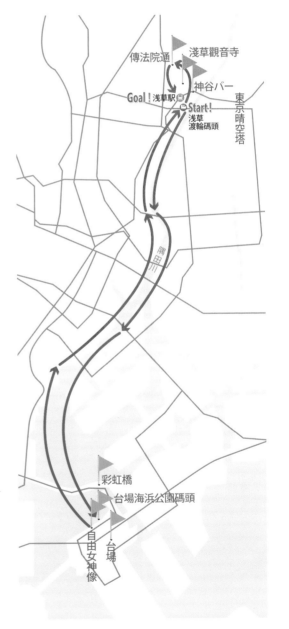

傳法院通　　淺草觀音寺
　　　　　　神谷バー
Goal！淺草駅　　　　東京晴空塔
　　　　　Start！
　　　　淺草
　　　　渡輪碼頭

隅田川

彩虹橋
台場海浜公園碼頭

自由女神像　台場

遊船巡航隅田川
百年新舊港町風景一日盡覽

Point!
今天最重要的是搭船，船班雖然頗多，但為了行程的順暢，務必事前先確認路線、想搭乘的班次時間喔。

Start！

09:30

淺草駅
Metro銀座線·淺草線

出站後往吾棲橋，一旁便是淺草汽船碼頭，10點有一班次出發。

步行 **2分**

彩虹橋日夜都美，橋上還有步道可以走。

停留時間
1小時

水上巴士

水上巴士，可分為數條路線，並有10艘造型各異的船隻運行。其中以動畫巨匠松本零士的「銀河鐵道999」為造型靈感的Himiko(ヒミコ)／Hotaluna(ホタルナ)，流線型銀色的外觀，宛若一艘飛進現代的未來之船，最受歡迎。

時間 航班依航線而異
價格 淺草~台場線：12歲以上¥2,000、6~12歲¥1,000、每位大人可陪同1位1~6歲小孩免費搭乘 (船程約60分)
網址 www.suijobus.co.jp

10:00

水上巴士 **60分**

台場路線，船會停在台場海濱公園的汽船碼頭。

台場碼頭附近還有一座知名的自由女神像。

11:00

彩虹大橋

連結東京都港區與台場的彩虹大橋，是台場的代表，也是多部日劇的拍攝場景。大橋每到晚上就點打上燈光，有時也會配合活動(如跨年)打上璀璨彩色燈光。不想走遠的話，海濱公園就能直接欣賞大橋，一旁還有商場也能吃喝休息。

停留時間
1小時

搭乘水上巴士換個方式玩東京！

水上巴士 **60分**

回到淺草的汽船碼頭後，馬路對面就是餐廳了。

13:10

停留時間
1.5小時

神谷バー

創業於1880年，在淺草區域有如地標重要的存在，是淺草地區庶民社交生活空間，至今仍舊受到許多人愛戴。懷舊風情的洋食料理，也仍舊是許多老東京人最念念難忘的滋味。

時間 11:00~20:00 (L.O.19:30)
休日 週二、每月2次週一
價格 漢堡肉排¥1,100

是淺草在戰爭中少數留存下來的西洋建築。

搭乘「屋形船」，來一趟時空之旅

遊船也有江戶復古的船形屋造型，有業者與遊戲開發公司攜手合作，推出使用AR技術的隅田川乘船體驗，遊客不僅可以將東京都現代的美景收眼底，利用AR技術，透過手機也能同步感受江戶時期的隅田川和東京灣。

©2021 NOFATE Inc.

©2021 NOFATE Inc.

淺草·兩國·隅田川周邊

就在同一條路上120公尺外距離。

步行 2分

停留時間 30分

14:40

浅草 和泉屋 本店

想買些伴手禮回家，和泉屋賣的就是最有日本風味的零食「煎餅」。精選良質米，並採用手工以天然日曬方式製作，樸實風味令人感受到下町風情，喜歡口感的人可以選較厚實的煎餅。

時間 11:00~18:30

休日 週四

網址 www.asakusa-senbei.com

特製「猫せんべい(貓煎餅)」，十足可愛，10種口味任君選擇。

觀音通走到底就是傳法院通。

步行 3分

傳法院通

15:20

停留時間 30分

與仲見世通垂直，傳法院通為了招攬觀光客，做了相當有趣的造街運動，仔細瞧可看到每家店的招牌風格通通統一，即使休業日拉下的鐵門上，也畫了趣味十足的江戶圖案，一路上還不時會發現營造復古風情的裝飾物。

步行 3分 在傳法院通最底端。

16:00

珈琲天國

有著老咖啡廳氣息的珈琲天国，在老街遊逛之後，推薦可以來這裡休息、喝杯咖啡，再點上最出名的鬆餅享用。厚厚的鬆餅烙上小小的「天國」兩個字，再放上一塊奶油，剛出爐的鬆餅熱度將其微微溶化，非常美味。

停留時間 1小時

時間 12:00~18:00

休日 週二

價格 鬆餅+咖啡¥1,200

回頭往傳法院通反方向走，在最底端、東武伊勢崎線的淺草站。

步行
6分

17:30

Ekimise

位在淺草吾妻橋旁，整修後，保留了1931年開幕時新文藝復興建築的樣貌，除了B1~3樓有從開幕時期便一直營業至今的松屋百貨，4~7樓的Ekimise裡則有新進駐店舖，及頗受到注目的屋頂啤酒吧「淺草晴空Terrace」。

停留時間
1小時

時間 商店10:00~20:00、餐廳11:00~22:00
休日 不定休　網址 www.ekimise.jp

Terrace位在Ekimise RF (頂樓)。

淺草晴空Terrace

18:30

停留時間
1.5小時

被日本媒體評為欣賞晴空塔的名景點之一，除了遠眺晴空塔外，廣場上也設有夏季露天BBQ啤酒屋，晚上才營業的啤酒屋，可以在這裡悠閒邊吃喝、邊欣賞晴空塔的美麗夜景，尤其夏季隅田川花火大會期間更是一位難求。

時間 10:00~20:00　價格 免費

淺草地標吾妻橋

來到淺草，通常也會順道來吾妻橋逛逛，除了可以看到ASAHI大樓金色的啤酒泡沫，還有東京晴空塔，使吾妻橋成為熱門拍照點。

樓下就是車站。

淺草駅
Metro銀座線·淺草線·東武伊勢崎線

20:00

Goal !

隅田川・藏前周邊
一日散步

隅田川　藏前　文青街區　河濱散步道
藝文手作2k540　秋葉原

作為江戶城下町的淺草,以散步方式最能感受這一帶的閒適氣息,今日就以雙腳,從吾棲橋出發,沿著隅田川畔散步往藏前吧。江戶時代以作為米穀倉庫區而得名,現在的藏前老建築不多,變身為充滿個性風格小店、咖啡館的街區,是想遠離人潮的文青新據點。

 早
10:00 浅草駅
10:10 隅田川-河濱散步道
　　　　藏前
11:00 KURAMAE CANNELE CAFÉ
12:00 hibi 10MINUTES AROMA
　　　　STORE

午
12:40 Maito Design Works
13:30 ボン花火
15:00 SUNNY CLOUDY RAINY

晚
　　　　秋葉原
16:30 2k540 AKI-OKA ARTISAN
18:00 須田町食堂
　　　　秋葉原Cross Field
21:00 秋葉原駅

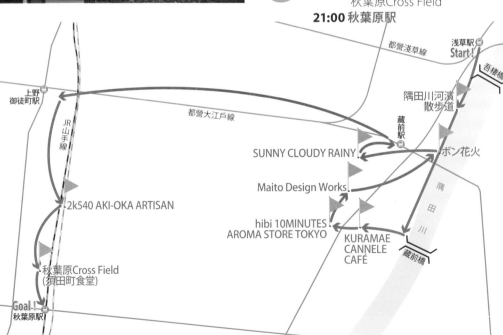

老街町也有文青風
質感設計讓人買不停

Point!

今天以文青手創據點為主軸，路線並不長，但每個點都會花不少時間逛，還好周邊隨時都有各式咖啡店，很好安排中間休息點。

Start!

10:00

淺草駅
Metro銀座線

步行 1分

今天悠閒一點，10點再出發吧！車站外就是吾妻橋，從這裡的河濱開始散步。

10:10

隅田川-河濱散步道

停留時間 **30分~50分**

幾乎與淺草連成一線的藏前，吸引許多手作工作室進駐，充滿個性的店家，成為文青新去處。從淺草出發的話，因為很近不如散步去吧，河濱沿途風景優雅，15分就能走完，但可以邊拍照，偶爾停下來感受風與水、陽光的下町優閒風景。

11:00

從藏前橋轉進去主要街區，就在藏前駅旁。

KURAMAE CANNELE CAFÉ

停留時間 **1小時**

散步完太熱或有點累的話，先來藏前第一站、這家知名甜點咖啡店休息一下。KURAMAE的1樓是賣店、2樓是咖啡館。可以吃到高級可麗露與專為可麗露設計的獨創甜點，裝潢也很用心，吸引許多少女前來朝聖。

步行 4分

香氛結合火柴概念，獨特之外，自然香氣迷人。

時間 1F賣店 11:00～19:00，2F咖啡11:00～18:00
休日 週一　**價格** 可麗露1個¥290
網址 www.kuramae-cannele.jp

12:00

hibi 10MINUTES AROMA STORE TOKYO

停留時間 **30分**

以一根10分鐘，就能滿室馨香的線香為主題，來自兵庫縣的香氛品牌hibi，原本是火柴公司，為了延續火柴的歷史，品牌名hibi寓意「日常」，希望顧客每天都能自由享受香氛，也讓火柴製造的傳統技藝在現代生活中繼續閃耀。

時間 12:00～19:00　**休日** 週一　**價格** 火柴線香¥770起
網址 hibi-jp.com/zh-tw/

可以嚐到與可麗露美味相呼應的各式甜品。

走回大通上，沿大通走即達。

步行
5分

12:40

Maito Design Works 蔵前本店

以100%天然染布料為主軸、聚集日本各地織品職人傳統手藝，設計製作的服飾，充滿舒適與都會悠閒風格，包含衣服、圍巾、包包等，透過各種植物天然色染，呈現出優雅又耐看的色澤。

停留時間
30分

時間 11:30~18:30

休日 週一

網址 maitokomuro.com

在靠河濱的小巷路裡。

步行
10分

停留時間
1.5小時

ボン花火

13:30

包含1~2樓，有戶外陽台座位區，可以看著隅田川邊用餐喝酒的居酒屋食堂，坐擁絕佳地點，最熱門時段就是7月底的花火節，座位2個月前就開放預訂。花火不是天天有，但夏季夜晚來這裡邊用餐、喝酒，也相當風雅。

時間 11:30~23:00(平日
14:30~17:30有午休，
L.O.14:00) 價格 當日午
餐定食¥1,000

網址 ｗｗｗ.
bonhanabi.jp

戶外陽台區僅晚上開放，可將隅田川美景一覽無遺。

步行
3分

15:00

SUNNY CLOUDY RAINY

這間雜貨感風格強烈但又多了一些設計感元素的選物店，從衣服、配件、飾品，可以找到很多好物。位於安靜的街角2樓、充滿舒適與空氣感的優雅店內，兩邊牆面的大片玻璃帶來每天氣候變化的日常感受。

停留時間
30分

時間 12:00~18:00

休日 不定休

網址 sunnycloudyrainy.
com

¥180

電車 5分

蔵前駅 都電大江戶線

上野 御徒町駅 都電大江戶線

步行 8分

沿著JR鐵道下的路直行即達。

16:30

2k540 AKI-OKA ARTISAN

御徒町在過去是職人匯聚之地，許多傳統工藝作坊至今依舊運轉。2k540位在JR山手線上的秋葉原駅與御徒町駅這兩站間的高架橋下，以延續職人之町的文化為概念，創造出高架橋下的藝文手作空間。

停留時間 1.5小時

時間 11:00~19:00，依餐飲店而異；共同通路10:00~20:30 休日 商店週三，餐飲各店不同

網址 www.jrtk.jp/2k540

食堂在秋葉原Cross Field的3F。

步行 8分

店內菜單會隨季節調整。

停留時間 1.5小時

須田町食堂

18:30

要想品嚐有著東京風味的洋食，須田町食堂可是大有來頭。創業於大正13年，無論是漢堡肉或炸蝦通通都是最傳統的東京洋食味道，料理會隨著季節變換，碩大的炸牡蠣就是限定絕品。

時間 11:30~15:00(L.O.14:30)、17:00~21:30(L.O.20:30) 網址 sudatyosyokudouudx.owst.jp/

大樓內就是Cross Field商店賣場。

20:00

秋葉原Cross Field

複合商業大樓裡包含31樓的「秋葉原ダイビル」、1~3樓的「秋葉原UDX」裡擁有咖啡館、餐廳、辦公室、展示中心等空間，還有揭示尖端技術的「數位工場」。

停留時間 1小時

時間 依各設施而異

對街即為車站。

步行 1分

車站周邊都是3C、電玩、動漫等賣場，也很好逛。

21:00

秋葉原駅 JR山手線

Goal !

清澄白河
氣質悠閒散策

清澄白河　江戶庭園　運河
美術館　藍瓶子咖啡　日本橋

深川地區仍殘留著江戶時代下町風情,從江戶時期便掘成的運河貫穿此區,非典型商業街道風貌,有回遊式林泉庭園「清澄庭園」及東京都現代美術館,都讓這裡綠意處處,清幽舒適,文藝青年帶入的新氛圍,又以日本第一家藍瓶子選在這裡,最具代表。

早
10:00 清澄白河駅
10:10 深川江戶資料館
10:50 清澄庭園
12:30 100 Spoon

午
東京都現代美術館
15:40 Blue Bottle Coffee
16:40 Babaghuri

晚
17:20 TEAPOND
日本橋
18:00 鶴屋吉信 TOKYO MISE
COREDO室町1、2&3
21:00 日本橋駅

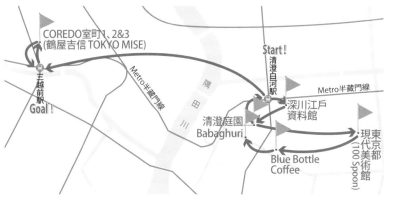

COREDO室町1、2&3
(鶴屋吉信 TOKYO MISE)
三越前駅 Goal!
Metro半藏門線
隅田川
清澄庭園
Babaghuri
Blue Bottle Coffee
Start!
清澄白河駅
Metro半藏門線
深川江戶資料館
東京都現代美術館
(100 Spoon)

清澄白河寧靜隱適
VS.日本橋的高貴優雅

Point!

清澄白河與日本橋這兩鄰近區域，中間只隔一條隅田川，但街區氛圍卻大相逕庭，不妨以電車串聯，可以一次滿足放鬆與購物的雙重需求。

Start!

10:00

清澄白河駅
大江戶線・半藏門線

日式庭石造景與假山，構成庭園裡恬靜的日式風情。

車站的A3出口距離最近。

淺草・兩國・隅田川周邊

停留時間 30分

深川江戶資料館

10:10

再現江戶時期深川佐賀町地區市街風貌的小型博物館，一踏入館內便能感受到濃濃懷舊風情，沿著運河建造的船宿與火見櫓、窄巷裡的長屋擺放著當時使用的工具，小小的商店街裡有賣菜、賣米的還有賣油的，還能實際進屋子裡瞧瞧。

庭園雖僅在咫尺，但入口在清澄庭園中村學園通上。

步行 5分

停留時間 1.5小時

時間 9:30~17:00　休日 每月第二、四個週一，12/29~1/3，換展期間
價格 大人¥400、國小~高中生¥50
網址 www.kcf.or.jp/fukagawa

清澄庭園

10:50

1880年、明治時期三菱集團的創始者岩崎彌太郎以迎賓、社員休閒為目所建立，後代的社長則引進隅田川水、大以改造，形成現在看到廣大的回遊式林泉庭園。這裡野鳥不少之外，也是賞櫻名所，冬季也不定期舉行夜間點燈活動。

或從清澄白河駅搭乘公車(秋26號)，2站後在白河下車走過去。在東京都現代美術館B1F。

步行 15分

時間 9:00~17:00(入園至16:30)　休日 12/29~1/1
價格 大人¥150，65歲以上¥70，國中生以下免費　網址 www.tokyo-park.or.jp/park/format/index033.html

停留時間 1.5小時

100 Spoon

12:30

東京都現代美術館的附設美麗餐廳，餐廳雖位在B1，但兩邊都臨著地下庭園及水景空間，陽光、植物、藍天、水景映入眼簾，一起將藝術品及雕刻融入空間中。菜單設計也相當用心，讓大人小孩都能吃到令人開心的美味。

時間 11:00~18:00(L.O.17:00)
休日 週一，換展期間，12/28~1/1
網址 100spoons.com/mot

正常套餐份量也推出1/2尺寸，美味豐盛度一樣到位，¥1,222。

到1樓購票參觀美術館。

14:00 東京都現代美術館

建築充滿設計感的高質感美術館!

停留時間 **1.5**小時

就位在廣闊的木場公園內,2019年重新整修後,更多舒適的公共空間。這裡包含繪畫、雕刻、時尚、建築、設計等不同領域的5,400件館藏作品,是喜愛現代藝術者不可錯過的品味處。美術館商店裡也可找到不少特別的原創商品。

時間 10:00~18:00(入館至17:30)
休日 週一,換展期間,12/28~1/1
價格 常設展大人¥500、大學生¥400、高中及65歲以上¥250,國中生以下免費;企劃展另付費
網址 www.mot-art-museum.jp

往清澄白河庭園方向走。 步行 **10**分

傳說中的藍瓶咖啡本店,就是在清澄白河!

15:40

停留時間 **1**小時

Blue Bottle Coffee 清澄白河旗艦店

發源自加州奧克蘭的Blue Bottle Coffee,2015年於日本開設第一間海外分店就在這裡。以舊倉庫改建成美術館般的建築內,邊感受外面街區的寧靜、邊享受咖啡風味。

時間 8:00~19:00
網址 store.bluebottlecoffee.jp/pages/kiyosumi

沿著運河走,在清澄白河庭園旁。 步行 **7**分

16:40 **Babaghuri**清澄本店

停留時間 **30**分

這裡是德國設計師Jurgen Lehl的工作室和品牌,其以織品設計活躍於巴黎、紐約,1971年初次到訪日本,因緣際會之下定居,並在這裡創立店鋪,店內以布料延伸至生活雜貨,提供對生活的堅持和美好的理想樣貌。

時間 11:00~19:00
休日 不定休
網址 www.babaghuri.jp

1樓展售品服飾、家具、雜貨,及自產無農藥有機日用商品。

在車站附近。

步行
7分

17:20

TEAPOND 清澄白河店

停留時間
30分

以紅茶為主要商品的小茶店，有著來自錫蘭、印度、中國祁門、日本等超過100種紅茶選擇。另有果味或香料調味紅茶更是店內人氣商品，很多都能試聞味道後再購買。

時間 11:00~19:00
網址 www.teapond.jp

除了紅茶外，也有泡茶用的各式茶器。

電車
5分
￥180

清澄白河駅
半藏門線

三越前駅
半藏門線

與半藏門線A4出口直結，在COREDO室町3，1F。

停留時間
1小時

鶴屋吉信 TOKYO MISE

18:00

創立於1803年的京都甜點老舖「京菓匠 鶴屋吉信」，在日本橋開設的分館，附設和菓子吧「菓遊茶房」，以及茶房空間可以享用熱茶與和菓子。不論買伴手禮、坐下來喝杯茶配菓子，都恣意。

時間 賣店11:00~20:00；茶房11:00~19:00(L.O.18:30)；菓遊茶屋11:00~18:00 **休日** 1/1
網址 www.tsuruyayoshinobu.jp

步行
1分

停留時間
2小時

19:00

COREDO室町1、2&3

集結多間店舖的大型商場，為了重現江戶時代日本橋的繁盛，在外觀設計融合日本古典與現代元素，創造出一個全新的飲食、購物空間，也活化了日本橋，吸引更多有品味的年輕人到訪。晚餐就在這裡享用吧。

時間 11:00~20:00、餐廳11:00~23:00
網址 mitsui-shopping-park.com/urban/muromachi

地下街與半藏門線A4出口直結。

步行
1分

展現老舖技藝、傳達和菓子的嶄新魅力。

三越前駅
半藏門線・銀座線

21:00

Goal !

追尋浮世繪筆下老江戶 今昔風情

藏前　隅田川　兩國　葛飾北齋

浮世繪　日本橋　江戶老舖

早
09:30 藏前駅
09:40 Pelican CAFE
　　　 兩國
11:30 墨田北齋美術館

午
　　　 日本橋
13:00 日本橋
13:20 N2 Brunch Club
15:00 日本橋高島屋S.C.

晚
16:30 長門
17:30 日本橋 三越本店
19:00 泰明軒
20:30 三越前駅

浮世繪起源於江戶年代,而身為江戶城下町的淺草、藏前、日本橋、兩國等隅田川沿線區域,不但是浮世繪興盛地,這裡的風景更是常常出現在浮世繪的畫面中,尋找浮世繪場景今昔變化、江戶營業至今的老舖,為東京之旅,增添不同趣味。

都營大江戶線

Pelican CAFE

藏前駅
Start!

隅田川

JR總武線

JR兩国駅　兩国駅

墨田北齋美術館

JR總武本線

JR新日本橋駅

日本橋 三越本店

泰明軒

Goal! 三越前駅　日本橋

日本橋
長門

日本橋駅

日本橋高島屋S.C. (N2 Brunch Club)

跟著浮世繪印記走訪
歷經百年周邊吃喝買一樣精采

Point!

跟著浮世繪大師葛飾北齋的畫板，來一趟老江戶今昔風情之旅吧，記得拍下畫面，把浮世繪畫面跟現在的東京場景對照看看吧。

Start！

09:30

🚌 **蔵前駅**
大江戶線

往隅田川河濱散步道，經藏前橋走到兩國的美術館，可事先感受一下北齋畫筆下隅田川、墨田區風情。

步行 **3分**

09:40

Pelican CAFE

停留時間
1小時

創業於昭和17年的麵包店老舖「パンのペリカン」直營的咖啡，店內為了突出麵包的滋味、確保每片吐司都達到最佳口感，切成3公分厚，放在特製網架上用炭火慢烤，外酥內軟，再搭配奶油和特製果醬，讓人回味無窮。

時間 9:00～17:00
休日 週日、年末年始
價格 水果三明治¥950
網址 pelicancafe.jp

步行 **20分**

亦可搭乘大江戶線到兩國駅，只要一站。

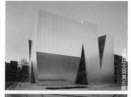

大人氣三明治，從早餐就開賣，想吃可得做好排隊準備。

11:30

墨田北齋美術館

停留時間
1小時

葛飾北齋生於墨田區並在此度過大部分人生，美術館不僅展示他的浮世繪作品，也介紹他與墨田區的深厚淵源。美術館建築則找來知名建築師妹島和世設計，外觀採用銀色鋁板包覆，呈現出摩登與古藝術結合的新風格。

🚌 **兩國駅**
大江戶線

🚇 **清澄白河駅**
半藏門線

🚇 **三越前駅**
半藏門線

¥290
電車 **13分**

時間 9:30～17:30　休日 週一、12/29～1/1
價格 常設展成人¥400、高中大學¥300，另有企畫展
網址 hokusai-museum.jp

電車站的B5、B6出口，就是日本橋。

浮世繪中的日本橋

浮世繪作品中描繪不少日本橋過去的面貌,歌川廣重的「東海道五拾三次之內 日本橋」,就如實重現了江戶時代日本橋的風貌,看著行走於上挑著扁擔的販夫走卒們,遙想日本橋擔任江戶城與鄉郊間重要物資的運輸樞紐。

備註 此浮世繪作品,藏於太田記念美術館

13:00

日本橋

停留時間
10分

由德川家康在慶長8年(1603年)開立江戶幕府時所建,是江戶的主要道路,現在仍是重要交通匯集地。初代日本橋為木造,現在的橋梁是建於1991年的第九代石造雙拱橋梁。第一代木橋的原尺寸復原模型,可在兩國的江戶東京博物館看到。

過日本橋後直走就是高島屋,餐廳在新館1F。

步行
6分

N2 Brunch Club

停留時間
1.5小時

來自澳洲人氣義式冰淇淋名店「N2 Extreme gelato」與雪梨「Black Star Pastry」名廚共和合作的餐廳,海外首家店舖就開在這裡。以早午餐為主打,菜單上各式餐飲、飲料、甜點甚至晚餐都很豐富,尤其美味義式冰淇淋可別錯過。

時間 10:30~20:00(L.O.19:00) 休日 不定休
網址 n2brunchclub.com

13:20

「Aussie pie」是一道傳統澳洲烤酥牛肉派。

步行
1分

外國遊客到高島屋,一定要辦張打折卡。

15:00

日本橋高島屋S.C.

停留時間
1.5小時

高島屋不但是日本橋具代表性的指標百貨,優雅的本館建築更被列為日本重要文化財,由於本館建築無法擴大增築,因此在本館周邊擴增數棟,龐大購物區便稱為「日本橋高島屋S.C.」,有各式專門店、話題店、老舖都羅列其中。

時間 商店10:30~20:00、餐飲11:00~23:00
休日 不定休 網址 www.takashimaya.co.jp/nihombashi/specialtystores/

在馬路對面的巷子裡。

步行 3分

日本橋 長門

16:30

停留時間 1小時

創業於享保元年(1716年)，家族世世代代為侍奉幕府德川家的御用和菓子師傅。遵循古法的江戶風情和菓子、半生果子、抹茶果子，美麗精巧得像一朵朵含苞初綻的花，其中以久寿もち、切羊羹是店內招牌。

時間 10:00~18:00
休日 週日，例假日 **價格** 和菓子4入¥1,680
網址 nagato.ne.jp

江戶時代營運至今的老和菓子鋪。

步行 10分 往回經過日本橋就底達。

日本橋 三越本店

17:30

停留時間 1.5小時

江戶時代起就以三井越後屋的名字在日本橋邊經營吳服店，這裡可説是三越事業起點。現在所看到的本店建築，最早完工於1914年、1935年再經增建和整修，開幕時，相當風光，是日本第一間引進電梯的百貨公司。

時間 購物10:00~19:00，餐廳11:00~22:00
休日 不定休 **網址** www.mistore.jp/store/nihombashi.html

淺草 兩國 隅田川周邊

在日本橋左側的河邊。

步行 5分

停留時間 1.5小時

泰明軒

19:00

創業於昭和6年的泰明軒，招牌料理便是蛋包飯，將蛋皮做成半熟鬆軟口感，用叉子將蛋皮切開的那瞬間，柔嫩鬆軟的半熟蛋皮，濃郁細緻的口感，自此奠定了餐廳的地位。

時間 11:00~21:00(L.O.20:30)
價格 オムライス(蛋包飯)¥1,900
網址 www.taimeiken.co.jp

招牌蛋包飯是庶常美食當中的夢幻逸品。

步行 3分

20:30

🚌 三越前駅
半藏門線

Goal !

淺草昭和老派風情一日輕旅

淺草寺　百年老舖　和牛名店
百年遊樂園　廚房道具街

淺草有著江戶時代的德川幕府特別指定為御用祈願所的淺草寺，街巷裡更藏有不少百年歷史的美味老舖，還有歷史悠久的遊園地「花やしき(花屋敷)」、上演江戶傳統演藝的「淺草演藝ホール」等，交織成淺草獨有的下町風情。

早
09:30 淺草駅
10:00 黑田屋本店
11:00 文扇堂
12:00 桐生堂

午
13:00 淺草今半
14:30 淺草 花屋敷
16:30 合羽橋道具街

晚
19:00 SUMIDA RIVER WALK
19:30 TOKYO mizumachi
21:00 吾妻橋
21:30 淺草駅

明治、昭和時代吃喝玩買
經歷百年一樣精彩!

Point! 今日一整天鎖定淺草老街區為主,但因為遊走範圍有點大,穿雙好走的鞋、帶個好裝的大包包,今天可能會買到荷包大失血喔。

Start!

09:30 🚇 淺草駅 Metro銀座線

下車後從3號出口最近。

步行 **2分**

要買紀念品的話,這裡絕不會令人失望。

停留時間 **50分**

10:00 **黑田屋本店** 位在仲見世通上專賣和風紙品的店,主要販售有著濃濃日本味的和紙,印上各種傳統或現代圖案,加上掛軸就可以成為房間內的最佳裝飾品,各式紙製品十分豐富,讓人陷入選擇困難症。

時間 10:00~18:00 **休日** 週一

充滿濃厚日本味的和紙,印著各式傳統或現代圖案。

步行 **2分** 在仲見世通上

11:00 **文扇堂** 文扇堂在淺草地區擁有悠久的歷史文化,已經傳承至第4代,至今仍以傳統技法製作扇子,是各大傳統藝能流派指定使用的品牌之一。除了專業的傳統扇子之外,這裡也有團扇、羽板等,各式圖案讓人著迷。

停留時間 **50分**

時間 10:30~16:30(週末至17:00) **休日** 每月20日過後的週一

步行 **3分** 在仲見世通後方巷子裡。

停留時間 **50分**

12:00 **桐生堂** 創業於明治9年、以「組紐屋」起家,組紐類似中國結,是利用繩子打出許多花樣的工藝品,桐生堂的職人運用長年累積的經驗,妙手賦予繩子新生命力,結合組紐與日常的和雜貨屋,也是採買伴手禮必訪地。

時間 10:30~19:00
網址 kiryudo.co.jp

沿傳法院通一直走，在筑波
快線的淺草駅邊。

步行 10分

傳法院通有許多壁畫
與裝飾，訴説江戶時代
傳統風情。

超值的壽喜燒午間
套餐，只要¥4,950。

13:00

淺草今半

停留時間 1.5小時

創業於明治28年(1895年)，格
守著老舖驕傲，代代守護老江
戶的味覺本色，一道牛鍋跨越一世紀，靠的就
是對牛肉品質的究極堅持。使用高級日
本和牛肉，柔嫩的最佳狀態
時裏上蛋黃入口，就是美味。

時間 11:30~21:30 (L.O.20:30)

價格 すき焼御膳(壽喜燒套
餐)¥9,680起。午餐限定：百年牛
丼¥1,980、明治すきやき丼
(明治壽喜燒丼)¥2,970

網址 www.asakusaimahan.co.jp

步行 6分

停留時間 2小時

淺草 花屋敷

14:30

1853年開業的花屋敷，這裡可
是日本歷史最悠久的遊樂園，其象徵性地標
是可以眺望淺草全區的Bee Tower，也曾多次出現
在日劇中。園內共有20多種遊樂器具，是許多情侶
們的約會地點，也適合全家大小一同玩樂。

時間 10:00~18:00(入場至17:00)

價格 入園：成人¥1,200，5歲~小學生、65歲以上
¥600，4歲以下免費。樂園乘坐券單張¥100

網址 www.hanayashiki.net

返回經過淺草今半續前行，就
是合羽橋道具街。

步行 12分

16:30

合羽橋道具街

停留時間 2小時

合羽橋道具街專賣和洋的餐
具、食器、鍋碗瓢盆，雖然整
體環境不如雜貨屋可愛，但仔細挑選就會發
現每家店都有自己的特色，還能發現特殊功能的
廚房道具&雜貨，重點是單價都比外頭商店便宜
2~3成！

時間 約10:00~18:00

網址 www.
kappabashi.or.jp

不管專業用或家庭用，
商品超齊全讓人有挖
寶興奮感。

道具街逛到底就是車站，也可走路
回雷門，則約8分。

步行
1分

¥180
電車
2分

田原駅
Metro銀座線

淺草駅
Metro銀座線

步行
4分

19:00

淺草‧兩國 隅田川周邊

SUMIDA RIVER WALK

隅田公園旁，橫跨隅田川兩岸
的這條步道橋，於2020年6月
全新落成。步道橋就位在東武鐵道旁，不但能
近距離感受電車行駛，還能一路欣賞河岸風光、晴
空塔，春天更是賞櫻的絕佳景點。

時間 7:00~22:00

停留時間
20分

橋上設置了兩處「戀人
聖地」，是經認定的求
婚浪漫景點喔！

步行
5分

Tips 從淺草走到晴空塔的
最快捷徑！
SUMIDA RIVER WALK除
了串聯隅田川兩岸，更是從
淺草快速抵達晴空塔的捷徑，從淺草
老街區想走路去晴空塔的話，就是從
這裡是最快喔。

TOKYO mizumachi

停留時間
1.5小時

19:30

SUMIDA RIVER WALK旁這處
全新複合商業施設，分為東西
兩區，共有12間店家進駐。西區以餐飲店為主，
紐約超人氣餐廳Jack's Wife Freda和日式甜點專
賣店いちや(Ichiya)等，可以品嚐美食，還可邊遠
望晴空塔。

一旁就是吾妻橋。

時間 商店10:00~18:00、餐飲11:00~23:00(各店
營時不一) **網址** www.tokyo-mizumachi.jp

21:00 ## 吾妻橋

想從淺草前往晴空塔，若是時
間充裕的人，一定要走吾妻橋，
從這裡望過去的晴空塔與朝日啤酒
大樓相映成趣，畫面十分有張力。晚上時燈光亮
起，則又是另一番景象。

停留時間
10分

晴空塔和河道勾
勒的下町風情，就
像明信片般美麗。

橋的對岸就是
車站。

步行
5分

淺草駅
Metro銀座線

21:30

Goal !

橫綱文化
初體驗

兩國　相撲比賽　江戶東京博物館
相撲鍋　相撲小物　東京駅

兩國是日本國粹「相撲」的故鄉，車站外的人行道上，也有著成排的相撲選手造型銅像；想要有個江戶下町風格的東京之旅，除了淺草外，兩國也是另一個選擇。另外每到夏天最讓人期待的花火大會也是在這裡舉行。

早
10:00 兩國駅
10:00 両国 江戶NOREN
11:00 兩國國技館

午
14:00 兩國Terrace Café
15:00 江戶東京博物館
16:30 両国高はし

晚
17:30 ちゃんこ川崎
東京駅
19:30 GRANSTA
21:00 東京駅

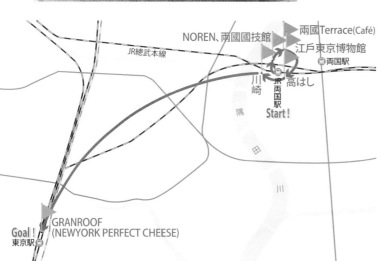

JR總武本線

NOREN、兩國國技館
兩國Terrace(Café)
江戶東京博物館
両国駅
川崎
JR両国駅
高はし
Start！
隅田川

Goal！
東京駅
GRANROOF
(NEWYORK PERFECT CHEESE)

看相撲、吃相撲鍋
還有博物館可一秒穿越江戶

Point!

想來體驗相撲大賽觀戰，可不是天天有，注意僅有1月(初場所)、5月(夏場所)、9月(秋場所)這三個月有賽事，否則只能看看相撲博物館感受一下了。

Start！

10:00

🚃 **両國駅**
JR總武線

老建物注入新生命，好看好拍好吃，還有旅遊中心。

就在車站前。

步行 **1**分

停留時間
1小時

両国 江戶NOREN

複合式飲食施設「両国江戶NOREN」，以建於1929年的兩國駅舊駅舍所改建而成，入駐約12間店舖，室內風格以江戶町屋、屋台樣式並融入相撲土俵設計，進駐店家皆以百年老舖、江戶流為主，1樓設有両国觀光案內所。

時間 10:00~23:30，依各店舖而異
休日 1/1~1/2，設備檢修日
網址 www.jrtk.jp/edonoren

10:00

在NOREN旁邊。

步行 **2**分

11:00

停留時間
3小時

兩國國技館

相撲是日本獨有的運動，在東京要看相撲就是國技館了。每年固定舉辦的6次大相撲之中，1月、5月、9月都是在這裡舉辦，也是最熱鬧的時刻。平時沒有賽事時，也可來此參觀相撲博物館、賣店買東西。

時間 比賽期間12:30~16:00，相撲博物館10:00~16:30
休日 相撲博物館：週末、例假日，年末年始，換展期間(遇比賽無休) **價格** 博物館免費(遇比賽需購買觀賽券) **網址** www.sumo.or.jp

觀賽吃力士便當

不論是力士便當還是國技館名物燒き鳥，邊看比賽邊品嚐美食，可是大相撲才有的醍醐味！

怎麼看比賽

除了事先購票，若還有票當日也能買，一張票就是一整天的賽事都能看，要看多久可自由決定。座席分一樓的座墊區(比較近、不能拍照)，二樓的椅子區(較遠，可拍照也能吃東西)，無法盤腿的人，建議還是買椅子座位區。

舉行大相撲時，場外排滿了聲援力士們的旗幟。

在安田庭園的兩國Terrace內。

步行
4分

14:00

兩國Terrace Café

停留時間
1小時

兩國陽台咖啡廳坐落於漾著迷人綠意的庭園旁,閃耀的水色從落地窗映照入內,戶外花園會定期舉辦音樂會。午餐時段有提供多樣口味的披薩、義大利麵或牛排等餐點,下午茶及晚餐時段皆有不同風格的餐點供應。

(時間) 11:30~21:00(L.O.20:00)、17:00~21:00(L.O.20:00)

(休日) 不定休　(網址) www.ryogoku terrace.jp

在兩國車站斜前方。

步行
5分

停留時間
1.5小時

江戶東京博物館

15:00

呈現德川幕府持續260多年的東京風貌與文化相關展示。分為「江戶區」與「東京區」,分別展出江戶時期的傳統建物與東京初期的摩登建築,有名的「日本橋」在此以1:1製作,走進這裡彷彿穿越時空回到江戶時代城鎮中、十分逼真。

步行
6分

(時間) 9:30~17:30,週六9:30~19:30

(休日) 週一(遇假日順延),年末年始,不定休

(價格) 常設展大人¥600,大學生¥480,國高中生、65歲以上¥300,國中小學生免費。另有企畫展

(網址) www.edo-tokyo-museum.or.jp

各式相撲雜貨,讓相撲迷大滿足。

16:30

両国高はし

停留時間
40分

原本是專賣座墊的店,由於可以依照身型與體重量身打造,所以十分受到相撲選手的歡迎。店主人偶然地在店內擺放跟相撲有關的和雜貨,想不到大受歡迎,而成為店內的特色之一。

(時間) 9:30~18:30　(休日)
週日(遇比賽期間無休)　(網址) edo-sumo.d.dooo.jp

步行 2分

17:30

ちゃんこ川崎

營養満分的相撲火鍋是力士們的能量來源，有許多相撲力士在退休後還會開相撲火鍋店呢！川崎相撲鍋的煮料包括海鮮、雞肉、洋蔥、豆腐、蔬菜等將近廿種，健康又飽足。

停留時間 **1.5小時**

時間 17:00~21:30(L.O.20:30)
休日 週日、例假日

名代ちゃんこ(名代相撲鍋)1人份¥3,300。

隅田川花火大會

©東京観光財団TCVB

充滿夏日風情的納涼花火大會的發祥地，就是兩國，而且是早在200多年的江戶時代就已經開始。固定於每年7月第4個週六舉行，若無緣親睹，兩國鄰近也有「兩國花火資料館」可參觀。

兩國駅 JR中央總武線
秋葉原駅 JR山手線
東京駅 JR山手線

電車 12分 ¥170

下車即達，在東京駅 B1F。

19:30

GRANSTA

GRANSTA可說是東京站內相當好買的區域，不但有改札口外賣店，連改札口內都可讓人逛到失去方向，即使下車不用刷票出去，就能大買特買了，其中以地標的銀鈴區域周邊，聚集不少名店。

停留時間 **1.5小時**

時間 8:00~22:00
網址 www.ecute.jp/tokyo

だしスープ 茅乃舍

步行 1分

「喫茶店に恋して」將甜點包裝成像是愛情散文書，相當別緻。

21:00

東京駅 JR山手線

Goal !

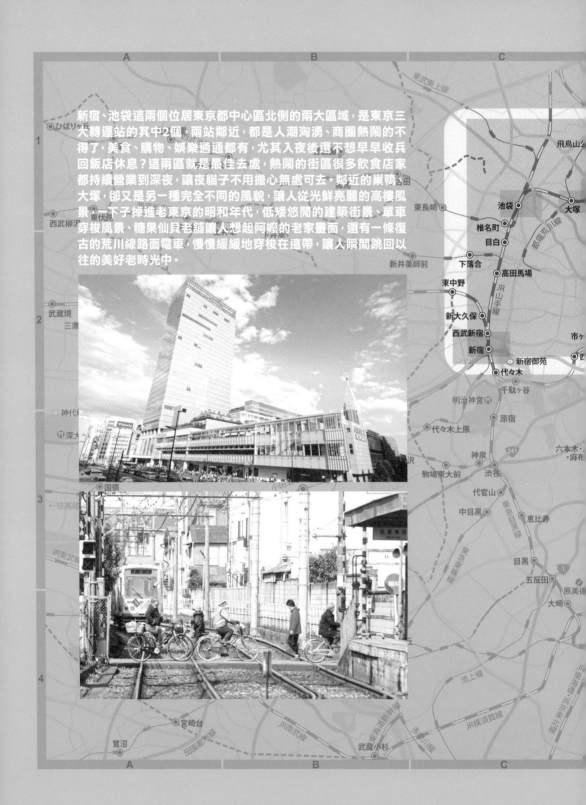

新宿、池袋這兩個位居東京都中心區北側的兩大區域，是東京三大轉運站的其中2個，兩站鄰近，都是人潮洶湧、商圈熱鬧的不得了，美食、購物、娛樂通通都有，尤其入夜後還不想早早收兵回飯店休息？這兩區就是最佳去處，熱鬧的街區很多飲食店家都持續營業到深夜，讓夜貓子不用擔心無處可去。鄰近的巢鴨、大塚，卻又是另一種完全不同的風貌，讓人從光鮮亮麗的高樓風景，一下子掉進老東京的昭和年代，低矮悠閒的建築街景、單車穿梭風景、糖果仙貝老舖讓人想起阿嬤的老家畫面，還有一條復古的荒川線路面電車，慢慢緩緩地穿梭在這帶，讓人瞬間跳回以往的美好老時光中。

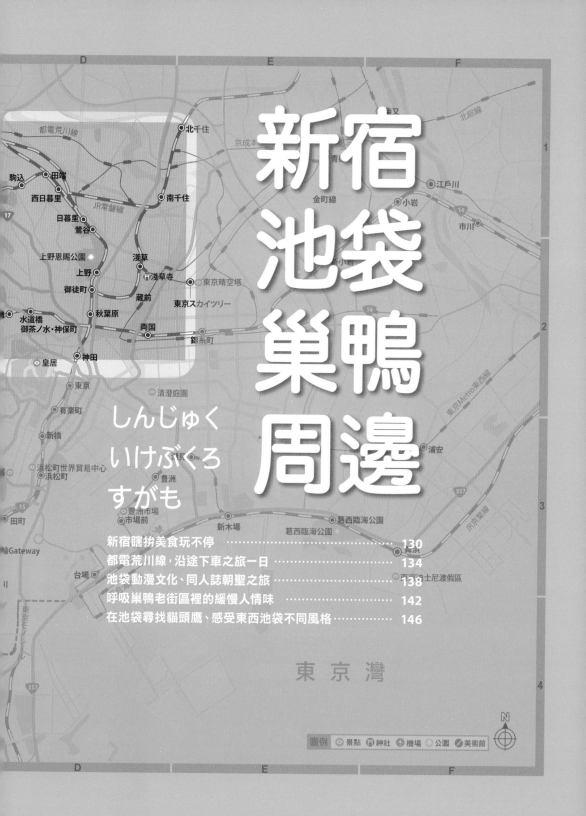

新宿 池袋 巢鴨 周邊

しんじゅく
いけぶくろ
すがも

東京灣

圖例　●景點　神社　機場　公園　美術館

N

新宿
瞎拼美食玩不停

新宿　新宿御苑　新宿百貨　購物　美食名店　都廳展望台

新宿這個東京超級交通轉運站，每天超過350萬人次進出，不但觀光客夠多，連日本人、上班族也常常把這裡街頭塞滿滿，各式百貨、商店、美食聚集，幾乎是個超級大戰場，世界、日本各地的品牌、分店、美食名店，也一定要來新宿插旗，如果鎖定想要一日效率大血拼，這裡絕對大滿足。

早
08:30 新宿駅
08:40 澤村 新宿
09:40 新宿御苑
11:30 ARMWOOD COTTAGE

午
13:30 LUMINE新宿
　　　　 Sarabeth's
17:00 NEWoMan

晚
18:30 PESCE D'ORO
20:00 東京都廳展望台
　　　　 TOKYO Night & Light
21:30 都庁前駅

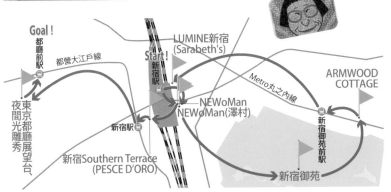

Goal !
都廳前駅
都營大江戶線
Start !
新宿駅
LUMINE新宿
(Sarabeth's)
Metro丸之內線
ARMWOOD COTTAGE
夜間東京都廳展望秀台
NEWoMan
NEWoMan(澤村)
新宿駅
新宿御苑前駅
新宿Southern Terrace
(PESCE D'ORO)
新宿御苑

效率大瞎拚、吃美食名店
一站就夠！

Point!

新宿可逛的區域範圍不小，主要購物吃喝鬧區，東口區域是重點，幾乎可以一路逛不停，若周邊幾個景點要一起串接，一定要搭配電車，免得鐵腿。

新宿站南口，NEWoMan新宿2F FOOD HALL，與長途巴士轉運站同一棟。

公園就在鄰近，沿大馬路走即可達。

新宿御苑

停留時間 1.5小時

新宿御苑是明治時代的皇室庭園，受當時西風東漸的影響，融合了法國、英國與日本風格的設計，美麗而優雅。平日可以看到許多上班族在這裡享用午餐，春天櫻花盛開時，1000多株櫻花更是璀璨炫爛。

時間 9:00~17:30　**休日** 週一、12/29~1/3　**價格** 大人¥500、高中生及65歲以上¥250、國中生以下免費　**網址** www.env.go.jp/garden/shinjukugyoen/index.html

Start!

08:30　新宿駅 JR山手線

可來這裡吃早餐，或外帶去新宿御苑來個晨光野餐吧！

步行 3分

澤村 新宿

08:40

停留時間 40分

來自輕井澤人氣的烘焙餐廳「SAWAMURA澤村」，也在此駐點。店面分為麵包烘焙及餐廳2個部分，運用20多種麵粉來調配運用在不同個性的麵包上，以及4種自家製天然酵母讓口感富有深度，是麵包美味的秘密。

時間 烘焙店7:00~21:00，餐廳7:00~23:00 (L.O.22:00)　**網址** www.b-sawamura.com

步行 10分

步行 5分

餐廳在公園外邊，比較靠近大溫室這側。

09:40

11:30 ARMWOOD COTTAGE

停留時間 1.5小時

以大正時代老屋改建成的這處木屋，展現出美國西部開拓時代的氛圍，以美式融合義式餐飲，宛如是給大人的一處秘密基地。2層樓結合木造的餐廳溫暖空間，不論單人、幾個朋友甚至大聚餐都適合。

時間 11:30~18:00、週五六及例假日前~23:00　**休日** 週二、年末年始　**價格** 瑪格莉特披薩¥1,450　**網址** arm.owst.jp

是東京都內有名的賞櫻勝地。

城市中的美味木屋秘密基地。

¥180

| 新宿御苑前駅 丸之內線 | 新宿駅 丸之內線 | 電車 2分 |

就在新宿駅隔馬路的正對面。

13:30

LUMINE新宿

停留時間 **2小時**

新宿站前購物大本營！兩大棟百貨商場讓人逛也逛不完。盤據新宿南口、以高流行感男女服飾、雜貨、潮流品牌、各式餐廳等，是很多年輕人都愛逛的百貨。

時間 商店11:00~21:00，餐廳11:00~23:00　網址 www.lumine.ne.jp/shinjuku

百貨裡也有吉本劇場&商店，也很好買。

在LUMINE 2樓。

步行 **1分**

15:30

Sarabeth's LUMINE 新宿店

停留時間 **1小時**

在紐約擁有10間分店，是間超過30年的老字號，創始人Sarab eth Levine使用家族代代相傳兩百年的古老食譜，製作並販售手工果醬，構築出這家超人氣早餐王國，店內的早餐王者班尼狄克蛋、經典里考塔鬆餅是人氣招牌。

時間 9:00~22:00　價格 班尼狄克蛋 ¥1,980、檸檬里考塔起司鬆餅¥1,980

網址 sarabethsrestaurants.jp

步行 **3分**

從LUMINE 的2樓天橋走過去最快。

17:00

NEWoMan 新宿

停留時間 **1小時**

新宿車站的長途巴士站區域 2016年重新整裝後，變成一處結合長途巴士站、計程車、電車、美食購物商場、戶外花園、及藝術活動廣場等的超大型複合式商場，名為NEWoMan，主要有車站大樓上方4個樓層，及隔鄰的MIRAINA TOWER的1~7樓。

時間 商店11:00~20:30，FOOD HALL 7:00~23:00　網址 www.newoman.jp

2020年起，新宿東西口地下通道開通！

世界最多人進出站的車站「新宿」，過去民眾只能從地上「繞路」通行，相當麻煩。JR東日本歷經八年工程，終於完成全長約100公尺寬25公尺的地下「東西自由通路」，為新宿站帶來更高的便捷性。

一到了晚上也搖身變成最時尚的酒吧。

步行 **3**分

在NEWoMan對面、LUMINE旁的新宿Southern Terrace內。

18:30 PESCE D' ORO 新宿店

停留時間 **1.5**小時

位在新宿Southern Terrace裡的餐廳，每到午餐時刻超值的價格吸引許多上班族前來，提供的義大利菜是能夠搭配葡萄酒的正宗菜式，深色木質空間內的氣氛讓人彷彿身處米蘭的餐廳。

時間 11:00~23:00 休日 不定休 價格 pizza¥1,410起 網址 www.giraud.co.jp/pesce-doro/index.html

¥180

新宿駅（西側）大江戸線 | 都庁前駅 大江戸線

電車 **6**分

在車站A4出口旁。

20:00 東京都廳展望台

停留時間 **1**小時

想要免費欣賞東京夜景，就一定要來一趟202公尺高的東京都廳展望室。屬於政府單位的東京都廳，免費開放位於45樓的南、北兩處展望室，還附設咖啡輕食和紀念品商店，滿足旅客的需求。

時間 南展望室9:30~21:30、北展望室9:30~17:00
休日 12/29~1/31，1/2~1/3，設備檢修日，天氣不佳
價格 免費 網址 www.yokoso.metro.tokyo.jp

搭乘快速專用電梯，約55秒即可抵達頂樓。

搭電梯下樓、走到前方戶外廣場。

步行 **1**分

21:00 TOKYO Night & Light

停留時間 **30**分

「TOKYO Night & Light」的投影映射展示由國際知名的創作團隊製作，使用40台高精度設備，在都廳巨大的牆面上以世界頂尖亮度呈現，並榮獲「最大建築物投影映射展示（常設）」的金氏世界紀錄認證。

時間 19:30～/20:00～/20:30～/21:00～/21:30～

步行 **1**分

一旁即為車站。

都庁前駅 大江戸線

21:30

Goal !

都電荒川線
沿途下車之旅一日

都電荒川　路面電車　老舖時光

早稻田大學　新宿　美食名店

電影「ALWAYS~幸福三丁目」裡，奔馳在東京街頭、綠色與米色相間的復古路面電車，一度曾是東京主要交通工具的路面電車，這條難得仍被保留的路線，帶領旅人探訪靜謐的街巷裏路，感受繁華喧鬧的東京另一面。

早	
09:30	**三ノ輪橋駅**
10:10	荒川遊園
11:30	飛鳥山公園

午	
12:30	いっぷく亭
14:30	早稻田大學 村上春樹圖書館

晚	
	新宿駅
17:00	桂花拉麵
18:10	新宿高野 本店
19:00	Disney FLAGSHIP TOKYO
20:00	**新宿駅**

王子駅前駅
飛鳥山駅
飛鳥山公園
荒川遊園
荒川遊園地前駅
都電荒川線
三ノ輪橋駅 Start!
三ノ輪駅
Metro日比谷線
庚申塚駅
新庚申塚駅
巢鴨商店街
都電荒川線
都電雜司ヶ谷駅
鬼子母神前
早稻田
早稻田大學
Metro副都心線
新宿高野本店、
Disney FLAGSHIP TOKYO
Goal！新宿駅　新宿三丁目駅
桂花拉麵

都電
一日乘車券
都電荒川線
乘り降り自由
23. 11. 21

搭上懷舊路面電車 沿途款款行

Point!

都電荒川線共30站全程約1小時，每5~6分鐘就一班次，可無痛行進、免擔憂時間問題，很適合找幾站下車探訪周邊，因此買一日券(¥400)就對了。

可從日比谷線的三ノ輪駅下車走過去，或直接荒川線隨意一站搭過去也可。

Start!

09:30 | 三ノ輪橋駅 都電荒川線

步行 5分

09:30 | 三ノ輪橋駅

三ノ輪橋駅

開業於大正4年(1913年)的三ノ輪橋駅，是關東地區的車站百選之一。由於是首站，再加上車站本身的歷史風情，是各路攝影好手拍攝都電荒川線電車的著名景點之一。

停留時間 **15分**

一日券 | 三ノ輪橋駅 都電荒川線 | 荒川遊園地前駅 都電荒川線 | 電車 20分 | 步行5分

荒川遊園地前駅

荒川遊園

10:10

充滿許多東京人兒時回憶的這裏，創業於大正11年(1922年)，小巧的摩天輪一直是這裡的象徵。園內還有與小動物親密接觸的活動，可愛的遊園小火車也是大人小孩都愛的人氣設施。2022年整修後，依舊好玩有趣。

停留時間 **1小時**

時間 9:00~17:00(夜間開園至20:00) **休日** 週二、12/29~1/1，定期檢修日 **價格** 入園門票大人¥800、65歲以上及國中生¥400、小學生¥200、3歲以下免費；遊樂設施券1張¥100
網址 www.city.arakawa.tokyo.jp/yuuen

園內面積不太，但特有的懷舊氣氛讓人沉醉其中。

一日券 | 電車 14分 | 荒川遊園地前駅 都電荒川線 | 飛鳥山駅 都電荒川線 | 步行2分

飛鳥山駅

11:30 | 飛鳥山公園

飛鳥山公園

約在300年前，八代將軍德川吉宗為了建造一個賞櫻名所，在此植上大量櫻樹，也開啟人們在樹下賞花、設宴的風氣。平常在這裡有許多居民健行、休閒，到了春季賞櫻人潮更是不斷，是東京都內的知名賞櫻名所之一。

停留時間 **50分**

時間 、 **價格** 自由參觀

下車即達，在都電庚申塚駅月台上。

電車
5分

一日券

飛鳥山駅
都電荒川線

庚申塚駅
都電荒川線

駅外串連的便是熱鬧的巢鴨商店街。

配上煎得完美的太陽蛋，蛋黃中和了重鹹醬味，讓人一口接一口。

庚申塚駅

12:30

いっぷく亭

是間提供旅客休息的甘味茶屋，在沒搗爛的米糰外覆上一層紅豆泥的手工おはぎ是必吃小點心，香Q可口。而香氣十足的炒麵更是用餐時的必點。

停留時間
1小時

時間 10:00~18:00(L.O.17:30)

一日券

庚申塚駅
都電荒川線

早稻田駅
都電荒川線

電車
23分

沿途是寧靜的住宅區，放鬆心情搭到底站下車即可。

步行
2分

早稻田駅

有歷史建築如大隈講堂和坪內博士紀念演劇博物館等，充滿人文氣質。

◎早稻田大學

早稻田大學

14:30

名氣響噹噹的私立大學「早稻田大學」，建於1920年，前身是1882年設立的東京專門學校，至今已是擁有10多個科系和多個校區的大型學院，其中早稻田校區是最早、規模也最大校區。校園內建築優雅美麗，很適合散步。

停留時間
1小時

時間 8:00~22:30，週日、例假日 8:00~18:00
網址 www.waseda.jp

步行
2分

在校園內，接近大隈庭園。

早稻田駅

村上春樹圖書館

15:30

停留時間
1小時

2021年開幕，由建築大師隈研吾操刀，打造成一座讓人遨遊在文學的異想世界的圖書館，也典藏由出身早稻田大學的村上春樹私人收藏的書籍和黑膠唱片、作品原稿、手稿及海外翻譯版本捐贈予母校的物品。

時間 10:00~17:00　休日 週三　價格 免費參觀
網址 www.waseda.jp/culture/wihl/

◎早稻田大學

逛完校園就往校園南端的地鐵線去搭車。

步行
5分

以「隧道」象徵時空的裂隙，帶領訪客前往村上文學的異想世界。

◎早稻田大學

下車後往東口的B13出站即達。

¥330

電車
13分

早稻田駅
地鐵東西線

高田馬場駅
JR山手線

新宿駅
JR山手線

太肉麵¥1,150。

17:00 桂花拉麵 新宿末廣店

停留時間
1小時

熊本桂花拉麵是日本第一家將「角煮」(紅燒五花肉)放入拉麵的店,其獨特的鹽味白湯配上香濃的紅燒肉,吃起來各有特色卻又互不衝突,滋味絕妙。此外,湯裡做為配料的生高麗菜、滷蛋和翠筍片也是魅力焦點。

過個馬路就抵達。

步行
3分

時間 9:30~23:15(L.O.),週日~21:45(L.O.)
網址 keika-raumen.co.jp

新宿高野 本店 18:10

停留時間
1小時

只吃一碗拉麵怎麼夠,當然要再來個水果甜點才滿足,高野是日本著名的高級水果店,有名到不但有2個樓層販售水果相關的商品、蛋糕、沙拉,5樓還有採吃到飽形式的下午茶水果吧、與單點式水果聖代餐廳,簡直大滿足。

時間 商店10:00~20:00、5F 11:00~20:00(L.O.19:30) 休日 1/1,每月各1次週一 價格 香蕉巧克力聖代¥1,540 網址 takano.jp

高級水果甜點吃到飽!

步行
3分

在斜前方紀伊國書屋那一棟。

Disney FLAGSHIP TOKYO 19:00

停留時間
1小時

吃太飽了,趕快來逛街消化一下,沒辦法去迪士尼,那一定要來這日本最大迪士尼旗艦店掃貨一下。總面積1,710平方公尺,共三層,陳列商品和擺設,會隨季節和時期變化,看到喜歡的一定要當下入手。

時間 10:00~21:00 網址 store.disney.co.jp/special/disneystore-news.html

從一旁B7出口就能去串接車站。

步行
5分

新宿駅
JR山手線

20:00

也有新宿店限定、跟國外迪士尼周邊商品。

Goal!

池袋動漫文化、同人誌朝聖之旅

池袋東口　動漫大型店　電玩店

🏷 同人誌　深夜聖代　24小時美食

想來趟動漫朝聖之旅，除了秋葉原，池袋也絕對是必訪重點。尤其池袋東口，有號稱世界最大規模動漫商品店的Animate、GiGO大型店、各式女僕及執事咖啡館、同人誌，一到假日熱鬧的不得了，活動舉辦期間，動漫迷更是塞滿池袋街頭及周邊公園。

早
09:30 池袋駅
09:30 MIGNON
10:00 GiGO總本店
11:00 Animate池袋本店

午
12:30 WACCA
14:30 Animate Café Hareza
15:30 乙女ロード

晚
18:00 すしまみれ
19:30 BIC CAMERA
21:00 Momobukuro
22:00 池袋駅

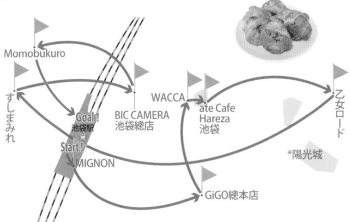

Momobukuro

すしまみれ

Goal！
池袋駅
Start！
MIGNON

BIC CAMERA
池袋總店

WACCA

ate Cafe
Hareza
池袋

GiGO總本店

*陽光城

乙女ロード

追動漫靈魂大爆發
有吃有買有拍一路不停歇

Point!

今天主要活動範圍集中在池袋東側、Sunshing City這邊，這帶人行街道寬廣，也有步行區，朋友、親子多人一起出動也不怕，挑選有動漫活動的假日來，更能感受熱血氣氛。

Start！

09:30 🚌 池袋駅 JR山手線　下站即達，往東口方向在南改札出口旁。

有博多明太子、巧克力、日本地瓜、草莓等多種口味！

09:30　MIGNON

一早飄散在池袋車站地下道香噴噴的氣息，總是引人佇足，這家迷你可頌專賣店，在九州博多開業26年，深受饕客狂愛，外皮酥脆、裏層富彈性，重點是可頌裡包滿餡料，好吃到值得全品嚐一輪。即使早餐已吃飽，還是想來一個。

停留時間
10分

出站後，往正前方Sunshing 60通直行即達。

步行 6分

時間 7:00~22:30　網址 mignon-mini-croissant.com/

> 新宿 池袋 巢鴨周邊

停留時間
1小時

GiGO總本店　10:00

一早起床後還沒醒透嗎？先來這裡把血壓衝高吧！取代SEGA成為遊戲中心新霸主的「GiGO」，這家總本店廣達4層樓，光一樓就設有269台夾娃娃機，超震撼，還有最新話題的音樂遊戲機、大螢幕遊樂器材都能在此體驗。

時間 10:00~23:30
網址 tempo.gendagigo.jp

步行 3分

新設208個座席的表演舞台和咖啡店，滿足動漫迷與心愛作品互動。

11:00　Animate池袋本店

停留時間
1小時

日本到處都有的Animate店鋪，第一家店就是在池袋。走過四十個年頭的池袋本店，於2023年完成全店擴大和改裝工程。地下兩層、地上九層樓的店鋪，面積不僅是過去的兩倍大，動漫商品擴充得更齊全。

時間 11:00~21:00，週末及例假日10:00~20:00
網址 www.animate.co.jp

斜前方的中池袋公園旁。

步行
2分

12:30

WACCA IKEBUKURO

停留時間
2小時

WACCA百貨以「食與生活」為主題概念，總計八層樓的館內，共進駐了近19間購物、餐飲等店舖，3樓有手工藝專門店ユザワヤ，5樓則進駐6間餐廳，包含和食、洋食及咖啡館，任君選擇。午餐在這裡享用。

時間 10:00~24:00，依各店舖而異　**網址** wacca.tokyo

手工藝專門店ユザワヤ，有多達2萬種的布料選擇，也支應Cosplay需求的各式材料。

步行
1分

在一旁的中池袋公園裡。

Animate Café Hareza池袋

14:30

停留時間
1小時

走街頭咖啡店經營模式，不定期與人氣動漫和2.5次元合作，推出限定甜品、飲料和周邊商品，雖然僅提供外帶服務，但因為位在公園內，戶外有許多座位區可以讓動漫迷一邊追星一邊感受池袋的多元文化氣息。

時間 11:00~20:00　**網址** cafe.animate.co.jp/shop/hrz

步行
6分

在太陽城旁邊的路段。

15:30 乙女ロード

停留時間
2小時

池袋早從1980年代起也集結了許多動漫相關商品的店舖，並逐漸發展成以女性為主要顧客的動漫特區，而被稱為乙女ロード(少女之路)。多數店家販賣商品多為女性喜歡，更有開設多家對比於女僕咖啡的喫茶店，如執事喫茶、男裝喫茶等。

延伸走訪：
漫畫聖地「常盤莊」

在池袋西南方的南長崎，曾有間木造二層公寓常盤莊(トキワ)。年輕的手塚治虫、寺田博雄、藤子A不二雄、藤子F不二雄、石森章太郎等漫畫家都曾在這裡創作，引領日本漫畫走向全盛時期。但常盤莊在1982年拆除，原址的紀念碑仍是漫畫迷朝聖地。

©TEZUKA OSAMU OFFICIAL

在這區有K-Books、MANDARAKE LaLaLa兩家大型的同人誌店舖。

穿過池袋車站，在西口飲食街區裏。

步行 14分

18:00

すしまみれ 池袋店

停留時間 **1小時**

今天買太多，吃省一點，但也要吃得好。位在池袋西口的美食激戰區的すしまみれ，每天從築地進貨，選擇新鮮而物廉價美的鮮魚海產做成壽司，價錢自然是實惠又大碗。

時間 24小時

每月的10、20及30日有壽司一貫均一價¥130的活動。

步行 6分

往回穿過池袋站，在東口的外面。

停留時間 **1.5小時**

BIC CAMERA 池袋總店

19:30

光是池袋車站周邊就有5家店的BIC CAMERA，包括各式商品齊備的本店、相機‧電腦館、東口SELECT、東口OUTLET X Sofmap、西口店等，無論想找什麼電器、3C，完全沒問題。

時間 10:00~22:00 **網址** www.biccamera.co.jp/shopguide/index.html

販售非新品的OUTLET館，也是個挖寶好去處。

步行 7分

再次穿過池袋車站，在西口飲食街區裏。

21:00

Momobukuro

停留時間 **1小時**

「深夜聖代」是源自於札幌特有的飲食文化，用來作為晚餐的收尾，今日就以美味聖代當今日結尾吧。來自札幌深夜聖代名店「Par faiteria beL」的姊妹店、插旗池袋，聖代做工精細，宛如藝術品般精緻，花時間排隊吃也值得。

時間 17:00～0:00，五六至翌1:00

入夜後才能品嚐到的夢幻甜點。

步行 3分

🚌 池袋駅
JR山手線

22:00

Goal !

呼吸巢鴨老街區裡的
緩慢人情味

巢鴨商店街　江戶庭園　紅內褲

大塚　話題水果聖代　大塚暖簾街

有「老奶奶的原宿」之稱的巢鴨，從江戶時代便形成商街，因此短短800公尺的街道上百年老舖不少，有各式甜點老舖、日雜用品、地藏寺，價格便宜也是吸引人的特點。電車一站距離之外的大塚，結合現代與懷舊風情，街區一樣飄散著緩慢氣息。

早
09:30 駒込駅
09:40 六義園
　　　　巢鴨駅
11:30 巢鴨地藏通商店街
　　　　喜福堂

午
12:40 地藏尊高岩寺
　　　　常盤食堂
　　　　Maruji 紅內褲館

晚
16:30 大塚駅前
16:30 千成最中 本舖
17:10 Fruits Sugi
18:30 AGALICO 餃子樓
21:00 大塚駅

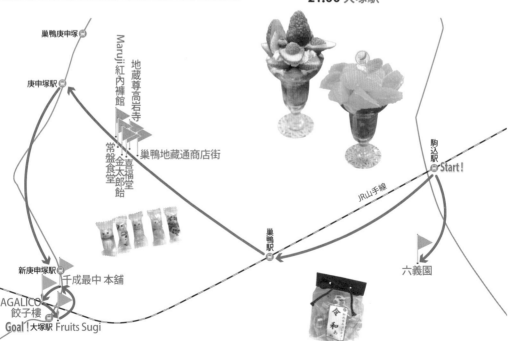

白日悠閒漫步百年商街
再到暖簾街感受入夜美味

Point!

整個路線從駒込→巢鴨→大塚,如果腳力好,全部用雙腳串聯,也並不會太艱辛,距離最遠約10~15分,若帶老小一起,那麼用電車各搭一站串聯會比較輕鬆。

Start!

09:30 🚃 駒込駅 JR山手線

步行 3分

09:40 六義園

停留時間 1.5小時

六義園與小石川後樂園並列為江戶的兩大庭園。元祿8年(1695),五代將軍德川綱吉將駒込地區作為下屋敷賜予柳澤吉保,吉保親自設計,經過7年時間,建成這座「回遊式築山泉水庭園」,昭和28年被指定為國家特別名勝。

時間 9:00~17:00 **休日** 12/29~1/1 **價格** 入園¥300

🚃 駒込駅 JR山手線　🚃 巢鴨駅 JR山手線

電車 2分　¥150

A3出口就是商店街入口。

停留時間 1小時

巢鴨地藏通商店街 **11:30**

從江戶時代發展的商街,由於年長者客群居多,也讓不少商家價格都特別親民,近年來也入駐了一些年輕的店鋪,老舊相間,逛起來充滿趣味也很好買伴手禮,帶爸爸媽媽來,他們肯定覺得這才是跟他們磁場最合的地方啊!

時間、**休日** 依各店鋪而異 **網址** www.sugamo.or.jp

必嚐百年美味紅豆麵包!

步行 2分　**就在商店街裡。**

百年老舖雲集的商店街

老街很多糖果糕餅店,金太郎飴像是老街一定要有的老派糖果屋,讓人覺得溫馨。

12:30 喜福堂

停留時間 15分

這家歷史超過百年的麵包店,進到店內,樸實的麵包一個個擺在麵包台上,卻有種吸引人的簡樸魅力。招牌便是手掌大、圓滾滾的紅豆麵包、奶油麵包,一入口竟有種吃高級和菓子的錯覺,難怪長賣百年、人氣綿長。

時間 10:00~18:00 **休日** 週二 **價格** 紅豆麵包¥278 **網址** www.kifukudo.com

在喜福堂斜對面。

步行 1分

12:40

能去除身上病痛的
傳奇地藏寺！

地藏尊高岩寺

位在商店街裡的中段位置，
香火鼎盛、是這一帶的信仰中
心，尤其治療病痛與延命傳說，更讓這裡成為老
人家們的精神寄託，靈驗程度讓這裡常常排滿參
拜者。

停留時間 30分

時間 本堂(地藏殿)6:00~17:00　價格 自由參拜
網址 togenuki.jp/

步行 2分

在商店街裡。

13:20

常盤食堂

開業30多年，在老店林立的
巢鴨商店街只能算是年輕小夥
子。以產地新鮮食材搭配上樸質的家庭料理內
容，就像媽媽怕小孩吃不飽的心情，餐點都是便
宜又大碗，果然大受歡迎，光在這短短800公尺
商店街周邊就開了5家分店。

停留時間 1.5小時

時間 10:00~22:00 (L.O.21:30)
網址 kosinzuka.com

炸竹筴魚套餐，大
方給了3條肥美炸
魚¥1,150。

在商店街裡。

步行 2分

15:00

1952年就開業，現在
成了巢鴨特色伴手禮！

Maruji 紅內褲館

日本也迷紅內褲能帶來好
運，這家店從內到外一片紅通
通，走進裡面，整片牆上各式紅內褲，從男生、女
生、小孩都有，還有各式紅色襪子、手帕、毛巾甚
至連紅色衛生衣都給你備齊了！想求好運氣？記
得來這買條紅內褲吧！

停留時間 40分

時間 10:00~17:45　休日 1/1、2、8月盤點日　價格
手帕¥680、內褲¥700起　網址 www.sugamo-
maruji.jp

可愛すがもん郵筒

巢鴨郵局前、商
店街尾端，有個
可愛的すがもん
就跟戶外郵筒
結合在一起，除
了可以開心一
起拍照，喜歡
寄張旅遊明信片的人，剛好可以
丟郵筒。

商店街繼續往尾端走，
就是都電荒川線的庚申塚駅。

¥170

電車 1分	庚申塚駅 都電荒川線	大塚駅前 都電荒川線

步行 2分

千成最中 本舖

16:30

停留時間 30分

堅持傳統手工製作的最中專門店，自昭和12年(1937)創立以來，一直遵循古法製作，除了招牌最中之外，銅鑼燒也好吃到被稱為「和風鬆餅」。店員也非常親切，讓人感受滿滿的在地人情味。

時間 10:00～18:00　價格 千成五色最中 5入¥600

網址 www.monaka.co.jp

大塚最具代表性
銘菓老舖。

在JR大塚駅的另一側。

步行 5分

Fruits Sugi

17:10

停留時間 30分

販售精選來自全日本的高級水果外，也以限量預約制的水果聖代而聲名大噪。因店內僅有兩張桌子，顧客得先預約才能享用。草莓季時一定不能錯過來自全日本各地農園直送的完熟草莓聖代，無論視覺味覺都完勝。

時間 12:00～19:00，週六例假日11:00～19:30

休日 週日。週三不定休　價格 4種草莓聖代¥2,600，柑橘聖代¥1,980　網址 www.tablecheck.com/shops/fruits-sugi/reserve　備註 水果聖代預約制，須上網預約，有內用跟外帶

這裡可以買到絕對美味的全日本季節水果。

步行 5分

趁店鋪們收攤前，再逛逛周邊，
順便消化一下甜點。

AGALICO 餃子樓

18:30

停留時間 2小時

AGALICO北千住的本店引起話題，現在更進駐大塚的暖簾街，直接就營業至清晨，提供餃子和點心等超過40種美食選擇，吸引年輕夜貓族群在這裡聚會，氣氛十分熱鬧。

時間 17:00～翌3:00，週一～24:00

價格 手作餃子¥390，油淋雞¥610，調酒¥500

步行 3分

21:00

大塚駅 JR山手線·荒川線

Goal！

新宿·池袋·巢鴨周邊

在池袋尋找貓頭鷹、感受東西池袋不同風格

🏷️ 池袋　陽光城　水族館　自由學園　貓頭鷹　美食樂園　觀景台

池袋與新宿、東京並列三大轉運站點，人潮讓這邊商店百貨、餐飲大量又聚集，而池袋特別的是，東口、西口氣氛大不同，東口以太陽成為首，整個街區年輕又狂熱，購物娛樂不停歇。西口因立教大學、東京藝術劇場、自由學園等，則帶來悠閒雅致的街區風景。

早
09:30 池袋駅
09:40 池袋西口公園&東京藝術劇場
10:20 三原堂
10:50 自由學園 明日館

午
12:00 無敵家
13:00 太陽城Sunshine City
　　　　 陽光60瞭望台TENBOU-PARK
　　　　 陽光水族館
　　　　 NAMJA TOWN

晚
19:00 東武百貨 池袋店
20:00 池袋駅

池袋東口、西口大車拼
藝術氣質&娛樂購物風格任選

 Point!

遊逛池袋東西口一起串連的話，徒步仍是最好的方式，因此好走的鞋、適時多休息是重點，還好池袋街區有不少可愛小公園綠地，也很適合喘息。

在池袋西口，出站就會看到。

 Start！

09:30

 池袋駅
JR山手線

步行
2分

東京藝術劇場現代感十足的帷幕玻璃建築相當顯眼！

09:40

池袋西口公園 &東京藝術劇場

停留時間
40分

因知名的日劇《池袋西口公園》直接以此公園為劇名，成為當時年輕人聚集地。經過整修，改為兼具戶外劇場功能的公共空間，象徵和平的雕塑和旁邊的東京藝術劇場融合，夜晚還會有點燈的幻彩視覺印象，一再成為日劇或廣告的取景地。

時間 自由參觀，設施5:00~凌晨1:00(公廁至24:00)

步行
4分

三原堂

停留時間
30分

在瞬息萬變的池袋街頭，和菓子老舖三原堂數十年來如一日，販賣最紮實地道的日式美味。貓頭鷹造型的最中、口感細膩的銅鑼燒、可愛小羊羹等點心都是店內招牌，就連推理大師江戶川亂步也對它著迷不已。

時間 10:00~18:00　**休日** 週一　**網址** ikebukuro-miharado.co.jp

10:20

可愛的貓頭鷹造型最中，2入¥580。

步行
10分

10:50

自由學園 明日館

停留時間
1小時

建於1921年的自由學園明日館，是美國建築大師萊特(Frank Lloyd Wright)的作品，原是校舍，現轉為展覽館、多功能公共空間使用。在裏頭的萊特博物館，也展示萊特設計的燈具等。

時間 通常見學10:00~16:00　**休日** 週一、年末年始，不定休　**價格** 見學¥500，見學+喫茶¥800，國中生以下免費　**網址** www.jiyu.jp　**備註** 另有夜間見學行程

高度壓低的建築，與周遭環境產生和諧感。

池袋怎麼這麼多貓頭鷹塑像阿！

澀谷名物若是八公犬，那麼池袋就是貓頭鷹了。「池袋」的「袋」日文發音「Bukuro」與貓頭鷹的日文發音「Fukuro」相似，而成為池袋地區的吉祥物，街頭有很多塑像、圖騰，別忘了拍照收集看看。

在池袋站東口。

步行 7分

12:00

無敵家

位在池袋東口拉麵激戰區裡,是池袋排隊名店,用大火熬煮出來的濃郁豚骨湯頭與實在的配料,再配上餐桌上的無臭大蒜,使無敵家的拉麵口味真的變得無敵,鮮濃湯頭加上彈牙麵條,是別處吃不到的滋味。

停留時間 1小時

時間 10:30~凌晨4:00 **休日** 12/31~1/3 **網址** www.mutekiya.com

げんこつ(拳骨拉麵)¥1,000。

往最高大樓太陽城方向前進即可。

步行 12分

停留時間 1小時

陽光60瞭望台 TENBOU-PARK

13:00

池袋最大的綜合設施Sunshine City內,除了購物、美食、各式娛樂外,在最頂樓60樓,也有一處全新展望台,以公園為主題,將室內瞭望台,設計成一處宛如公園般空間,天氣跟季節配合的話,連「鑽石富士」都有機會看到呢。

時間 約11:00~21:00(最後入場時間為閉館前一小時) **價格** 大人(高中生以上)¥700~1,200,國小中生¥500~800,學齡前兒童免費 **網址** sunshinecity.jp/zh-tw/observatory/

©TENBOU-PARK

宛如公園裡的造景,打卡拍照都美。

在太陽城World Import Mart大樓屋頂。

步行 5分

14:30

陽光水族館

水族館內集合來自世界各地約550種生物的展示,最主要的大型水槽中容納近240噸青藍海水,大型的魟魚和熱帶魚群共生在白沙與珊瑚組成的世界中,是一座在高樓頂樓&室內的城市型水族館。

停留時間 1.5小時

時間 秋冬10:00~18:00,春夏9:30~21:00 **價格** 高中生以上¥2,600~2,800、國中小學生¥1,300~1,400、4歲以上¥800~900 **網址** sunshinecity.jp/zh-tw/aquarium/

天空企鵝是必拍照打卡景點!

在太陽城World Import Mart大樓2F。

步行 5分

NAMJA TOWN

16:00

停留時間 2.5小時

這個超大型美食主題樂園內,有以遊樂設施為主的「Dokkingham Plaza」、以昭和年代懷舊意象設計的「福袋七丁目商店街」、充滿恐怖氣氛的鬼屋主題「妖怪番外地」、Hugood!街區及NAMJATOWN區域,設計風格皆不同,是可邊吃邊逛邊玩的歡樂主題樂園。

時間 10:00~21:00(入園至20:00) **價格** 13歲以上¥1,000、4~12歲¥600,3歲以下免費;館內飲食皆需另行付費 **網址** www.namco.co.jp/tp/namja

可吃的東西種類非常多,晚餐就在這裡享用。

在池袋車站西口。

步行 10分

19:00 東武百貨 池袋店

停留時間 1小時

與池袋站西口直結的東武百貨,琳瑯滿目的商品陣容,令人眼花撩亂,更令人驚豔的是,這裡擁有超過40家餐廳進駐的美食街「SPICE」,是東京都內規模最大的美食街,也有全國最大的百貨地下食品樓層等,伴手禮也能一次購足。

時間 商店10:00~20:00,餐飲11:00~22:00 **休日** 不定休 **網址** www.tobu-dept.jp.t.eh.hp.transer.com/ikebukuro/

東口有西武、西口有東武
池袋車站裡最有趣的是東武鐵道及西武鐵道剛好分據站體兩側開設百貨公司,且「東口是西武百貨、西口是東武百貨」,先搞懂這個趣味反差,方向才不會混亂喔。
備註 西武百貨目前進行全館改裝,預計2025年夏天開幕

步行 1分 與車站直結。

百貨1F有東京百貨中最大的三麗鷗商店。

20:00 池袋駅 JR山手線

Goal !

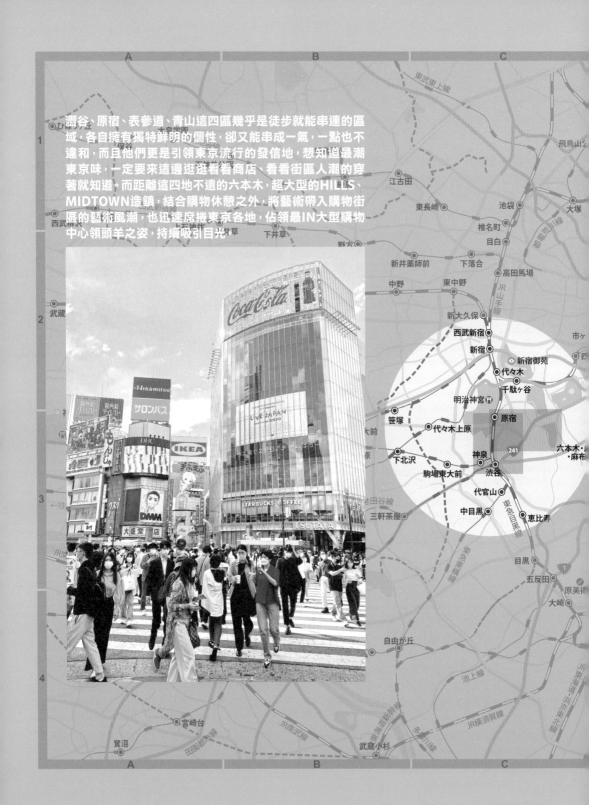

澀谷、原宿、表參道、青山這四區幾乎是徒步就能串連的區域，各自擁有獨特鮮明的個性，卻又能串成一氣，一點也不違和，而且他們更是引領東京流行的發信地，想知道最潮東京味，一定要來這邊逛逛看看商店、看看街區人潮的穿著就知道。而距離這四地不遠的六本木，超大型的HILLS、MIDTOWN造鎮，結合購物休憩之外，將藝術帶入購物街區的藝術風潮，也迅速席捲東京各地，佔領最IN大型購物中心領頭羊之姿，持續吸引目光。

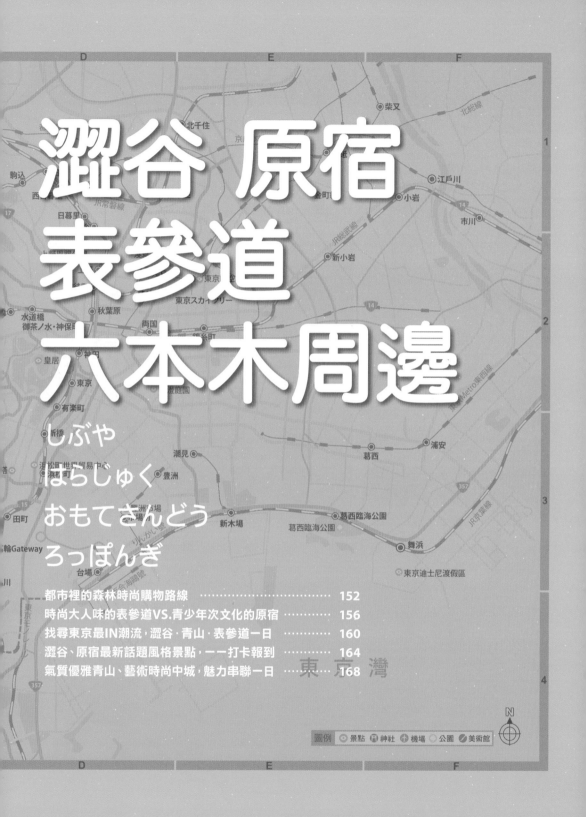

澀谷 原宿 表參道 六本木周邊

しぶや

はらじゅく

おもてさんどう

ろっぽんぎ

圖例 ◎ 景點 🏯 神社 ✈ 機場 🌲 公園 🖌 美術館

都市裡的森林時尚購物路線

明治神宮　表參道　忠犬八公
流行購物　精品百貨

明治神宮雄偉的鳥居、神社吸引目光以外，廣大的內苑更是原宿一帶的重要綠地，是散步呼吸的好去處。而附近時尚度爆表，有表參道、竹下通、裏原宿、青山，全部連在一起逛到腿痠都逛不完啊～

早
09:00 原宿駅
09:10 明治神宮
10:20 竹下通
11:20 裏原宿

午
表參道
12:30 東急Plaza
14:40 表參道Hills
14:00 南青山
15:50 BLUE BOTTLE COFFEE
17:00 岡本太郎紀念館

晚
渋谷
18:30 澀谷Hikarie
20:40 忠犬八公像
21:00 渋谷駅

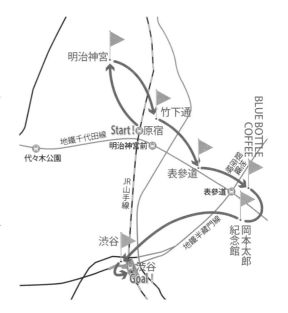

澀谷區必訪重點行程
景點購物美食一次滿足

Start！

原宿駅
JR山手線

Point! 原宿與表參道、澀谷十分接近，用走路串聯行程，可看可逛的景點集中，百貨、咖啡廳、餐廳眾多，就算不按照行程走，隨處亂晃也很精彩！

09:00

步行 **1**分　原宿站表參道口出來轉過神宮橋即達入口鳥居。

幸運時還能看到傳統的日式婚禮在這裡舉行！

09:10

明治神宮

明治神宮是為了供奉明治天皇和昭憲太后所建，2020年迎來百年歷史。占地約73萬平方公尺，內有本殿、寶物殿、神樂殿等莊嚴的建築，御苑裡古木參天、清幽自然，是東京都中心內難得的僻靜之處。

停留時間 **1**小時

時間 約5:00~17:00(每月依據日出日落時間調整)　**價格** 免費參拜
網址 www.meijijingu.or.jp

在神宮橋往原宿駅走至竹下通口即達。

步行 **3**分

10:20

竹下通

竹下通感覺就像是台北的西門町，消費價格也較為便宜，只要是當下最流行的，無論是吃的、穿的、買的，正常的、搞怪的、創意的來這裡找準沒錯。

停留時間 **1**小時

時間 約10:00~20:00
網址 www.takeshita-street.com

可麗餅是竹下通的特色美食！

沿竹下通一直朝明治通方向，即是裏原宿一帶。

步行 **10**分

11:20

裏原宿

藏在原宿裡的這條小徑，也許鋒芒沒有像擠滿世界名牌的表參道那般耀眼，在這條稱為「Cat street」(貓街)的裏原宿，卻是東京年輕人眼中最能發掘自我的天地。

停留時間 **1**小時

時間 約11:00~20:00

往回走至明治通與表參道
交叉路口即達。

步行 5分

12:30

東急PLAZA 表參道原宿 OMOKADO

停留時間 **2小時**

以「只有這裡才有(ここで
しか)」「因為是這裡(ここだから)」為中
心概念，引進首次登陸日本的新潮鮮
品牌，也邀請受歡迎的品牌在此以不
同的型態出店，總計超過25間流行
服飾、配件與生活雜
貨店鋪。

時間 11:00~20:00，
6~7F餐飲8:30~22:00

網址 omohara.tokyu-plaza.com

順著表參道走即達。

步行 2分

美觀的地面化下水道，透過
流水，點出坡道的延伸感。

14:40

表參道Hills

停留時間 **1小時**

表參道Hills是表參道最受注
目的購物中心，自從落成以來
人潮在平日就像落成前
的週末假日般擁擠。呈
現螺旋狀緩坡設計的內
部空間裡，有許多首次
登陸日本的時尚名店及
新形態的獨創品牌。

時間 購物、咖啡11:00~21:00、餐廳~23:30
網址 www.omotesandohills.com

沿表參道往青山方向，經過表參道
地鐵站轉進巷子。

步行 10分

15:50

BLUE BOTTLE COFFEE青山店

停留時間 **50分**

濃密綠蔭下的BLUE BOTTLE
COFFEE青山店，位在2樓的
店內空間寬廣又舒適，直接面
對著人行道的樹頂綠意，帶
來放鬆午後時光。

時間 8:00~19:00
網址 store.bluebottlecoffee.jp/pages/aoyama

回到表參道，走到根津美術館 **步行 10分**
右轉直行即達。

岡本太郎紀念館

17:00

岡本太郎為日本極知名的現代藝術家，其豐沛的創作風格影響現代藝術甚鉅。紀念館本來是他生前居住和工作的地方，館外的廣場上就擺著數個造型特異、活潑趣味的雕塑，值得好好觀賞。

停留時間 1小時

順著青山通往澀谷方向，**步行 20分**
在宮益坂下左轉即達。

時間 10:00~18:00(入館~17:30)
休日 週二（遇假日開館），12/28~1/4，檢修日
價格 大人¥650，小學生¥300
網址 www.taro-okamoto.or.jp

澀谷Hikarie

18:30

Hikarie是辦公大樓與購物中心結合的複合式設施，最受注目的當屬ShinQs了。地下三層，地面五層，總共八層樓的ShinQs購物商場，結合了美食、美容、時尚，自開幕以來，一直是非常受歡迎的百貨。

停留時間 2小時

8F的d47食堂以日本47都道府縣的「食」為主題，晚餐就在這裡享用吧！

時間 購物11:00~21:00，餐廳6、8、11F 11:00~23:00
網址 www.hikarie.jp

沿著宮益坂至澀谷站後左轉，**步行 2分**
在澀谷站前廣場。

忠犬八公像

20:40

忠犬八公是澀谷更是東京最著名的狗銅像，據說原本小八是由一位東大教授所飼養的秋田犬，每天傍晚都會去車站迎接主人回家，甚至教授過世後仍然風雨無阻天天到車站前等主人，直到小八病亡。

停留時間 10分

一旁即為車站。**步行 1分**

渋谷駅
Metro地下鐵·JR·東急東橫線·京王井之頭線

21:00

時間 自由參觀

Goal！

155

時尚大人味的表参道VS. 青少年次文化的原宿

國際名牌　旗艦店　街頭流行　話題創意　表参道　原宿　乃木坂

無論購物、玩樂或美食,原宿永遠是東京的新話題,裏原宿裡則誕生無以計數的潮流品牌;綠樹蔭鬱寬敞的歐風大街風格的表参道,則是世界名牌群聚地,不論大人成熟味、青少年的創意發射區,這裡完全相融不違和。

早
10:00 乃木坂駅
10:10 國立新美術館
　　　Brasserie Paul Bocuse Le Musée

午
表参道駅
13:20 marimekko
14:00 GYRE
15:00 #FR2
16:00 Laforet原宿

晚
18:00 UNITED ARROWS & SONS
19:00 さくら亭
20:30 WITH HARAJUKU PARK
21:30 原宿駅

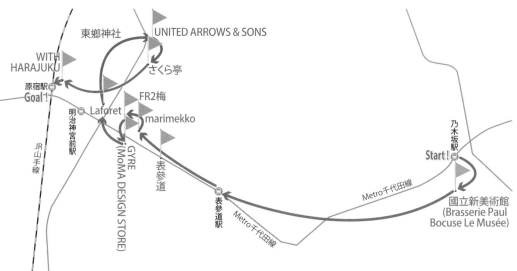

東郷神社　UNITED ARROWS & SONS
WITH HARAJUKU
さくら亭
原宿駅 Goal!!
FR2梅
明治神宮前駅　Laforet
marimekko
JR山手線
GYRE (MoMA DESIGN STORE)
表参道
表参道駅
Metro千代田線
乃木坂駅 Start!
Metro千代田線
國立新美術館 (Brasserie Paul Bocuse Le Musée)

國際時尚與不設限街頭流行
一次囊括頂尖流行

Start!

Point! 利用地下鐵千代田線，短短3站卻風格大不同，從綠意美術館、名牌世界風、年輕設計流行，輕鬆一次囊括。

10:00 乃木坂駅 Metro千代田線

最美玻璃帷幕美術館！

出站後沿著乃木坂走，就會看到。

步行 6分

10:10

國立新美術館

停留時間 **1.5**小時

由鼎鼎大名的黑川紀章所設計，有著由一片片玻璃所組合成有如波浪般的外牆，完美詮釋了與周邊森林共生共存的意象。室內超挑高的空間搭配灰色清水模的高塔設計，隨著光線的游移遞嬗出不同層次的光影表情。

（時間）10:00~18:00，展期中週五、六~20:00
（休日）週二、年末年始，不定休
（價格）依展覽而異　（網址）www.nact.jp

餐廳在國立新美術館3F。

Brasserie Paul Bocuse Le Musée

停留時間 **1.5**小時

11:30

¥180

電車 2分　乃木坂駅 Metro千代田線　表参道駅 Metro千代田線

位在博物館內倒圓錐體頂端的Brasserie Paul Bocuse Le Musée，是曾獲得米其林三星的名廚保羅‧博庫斯所開設，每天不到中午就有很多人在外排隊，原來是為了每天中午數量有限的超值套餐，幾乎是平常的半價。

（時間）11:00~16:00(L.O.14:00)、16:00~21:00(L.O.19:30)　（休日）週二　（價格）午間套餐¥3,190
（網址）www.hiramatsurestaurant.jp/paulbocuse-musee

步行 5分

出站沿表參道走、再右轉進巷子就看到。

法國廚神Paul Bocuse在半空中的圓形高塔上開設餐廳，美食與藝術的結合。

13:20

marimekko 表参道

停留時間 **30**分

來自北歐芬蘭的marimekko是創立於1949年的織品設計商，以獨創性十足的現代設計風格，大受注目。近年來因為復古風潮吹進日本，人氣絕佳的罌粟花圖案躍上服飾、布包或文具用品，皆大受歡迎。

（時間）11:00~19:30　（網址）www.marimekko.jp

跨過表參道，就在對面。

步行
2分

14:00

GYRE

就位在遊步道的入口旁，外觀頗為獨特的建築是取自GYRE所代表的意義「漩渦」，內部空間同樣運用迴旋狀來引導遊逛動線，裡面進駐了CHANEL等精品名牌外，還有多家知名餐廳和一個藝廊提供各式展覽會。

停留時間
50分

MoMA DESIGN STORE販賣被美術館認可的各式設計精品。

時間 購物11:00~20:00，餐廳11:00~24:00
休日 不定休　**網址** gyre-omotesando.com

再次橫過表參道，走到斜對面巷子裡。

步行
4分

15:00

#FR2

成立於2015年的服飾品牌，將現今社群網路上現象，透過以兔子攝影師角色的設定，將時事融入創作中，以T恤、帽子、鞋子等各式各樣的商品為主，#FR2梅聚焦女性、斜對面的#FR2 HARAJUKU，聚焦男性、中性商品，兩家店可一起順逛。

停留時間
50分

頗獲年輕族群青睞，設計概念新穎又有趣。

在東急PLAZA這個十字路口對面。

步行
2分

時間 11:00~21:00　**休日** 1/1
網址 fr2.tokyo/

16:00

Laforet原宿

位在明治通和表參道交差點上的Laforet，圓柱型的外觀早已成了原宿的地標，看起來不算大卻進駐了超過140家店舖，可說是站在原宿流行的最前端，酷帥風、森林系風格、甜風美格都能充份滿足！

停留時間
1.5小時

想了解最新的潮流，就不能錯過這裡！

時間 11:00~20:00　**休日** 不定休
網址 www.laforet.ne.jp

經明治通轉進原宿通裏，屬於裏原宿區域。

步行 10分

18:00

UNITED ARROWS & SONS

停留時間 50分

集合世界的設計師名牌，再加以組合搭配的精品選物店，商品系列包括高級歐美精選服飾到個性休閒。2003年重新開幕的UNITED ARROWS 原宿本店MEN'S館，屬於雅痞的風格，從西裝到休閒服一應俱全。

時間 12:00~20:00　休日 不定休

網址 www.united-arrows.jp

沿原宿通或是遊步道都可抵達。

步行 5分

19:00

さくら亭

停留時間 1.5小時

さくら亭入口擁有一條優雅的竹林走道，讓人誤以為是精緻的日本料理店，沒想到賣的居然是平民化的大阪燒和文字燒，而且只要日幣千圓就可以享受美味，難怪總是擠滿年輕人。

時間 11:00~23:00 (L.O.22:00)

價格 さくら焼き(大阪燒)¥1,500

網址 www.sakuratei.co.jp

沿原宿通經過竹下通，在原宿站前、WITH HARAJUKU的2、3F。

步行 12分

20:30

WITH HARAJUKU PARK

停留時間 1小時

2樓和3樓充滿綠意的屋外廣場，吃完晚餐就是來這裡吹風最舒服。

位在WITH HARAJUKU的2樓和3樓，充滿綠意的屋外廣場，宛如置身於都會綠洲般，不分日夜，誰都能在這個開放空間，坐在木造階梯上歇歇腳和享受城市風景，因為這裡可是原宿唯一一處，能從戶外向下俯瞰街景的景點喔！

時間 7:30~23:30，依各店鋪而異

網址 withharajuku.jp

車站就在馬路正對面。

步行 1分

原宿駅 JR山手線

21:30

Goal！

找尋東京最IN潮流
澀谷·青山·表參道一日

🏷 澀谷　青山　表參道　東京潮流　109百貨　澀谷新面貌

澀谷·青山·表參道可說是東京潮流發散地的代表,尤其是澀谷,更是年輕流行的指標地,各式流行都是這裡說了算;想要更成熟點的大人味,就是往青山、表參道去。即使不懂現在流行什麼,那麼在這三地的街邊好好看一輪,馬上秒懂!

早
10:00 渋谷駅
10:10 Magnet by Shibuya 109
10:40 澀谷109
12:00 宮下公園MIYASHITA PARK
　　　　 澀谷橫丁

午
14:30 澀谷Hikarie
　　　　 青山/表參道
16:00 NOMU CAFE 青山
17:30 FURLA

晚
18:10 Flying Tiger Copenhagen
19:00 鳥政
20:30 表參道駅

表參道
Flying Tiger
Copenhagen
Furla
鳥政
表參道駅
Goal!
Metro千代田線
Metro半藏門線
NOMU CAFE 青山
青山大學
宮下公園
(澀谷橫丁)
澀谷109百貨
Magnet
澀谷駅
Start!
澀谷Hikarie

追索東京潮流聖地
經典路線散步全串聯

Start！

這三個看似獨立區域，與其鑽進複雜的地下鐵搭車串，走路還快一些，今天就穿雙好走的鞋、但穿搭可得用心點，畢竟這裡可是東京最潮的聖地阿！

10:00 🚃 渋谷駅
JR山手線

步行 2分　在Magnet的8F頂樓。

10:10

Magnet by Shibuya 109頂樓觀景台

停留時間 **30**分

想一覽有著瘋狂大量人流穿越的澀谷知名十字路口，那麼位在這十字路口的Magnet最適合， 8樓的展望台，可免費進入，並置有一處sky camera，可以用高視角將你跟十字路口一起入鏡，個人照、團體照通通沒問題。

時間 商店10:00~21:00、CROSSING VIEW & ROOFTOP LOUNGE MAG 8 10:00~22:00

休日 1/1　價格 免費

網址 magnetbyshibuya109.jp

在斜對面路口，大大指標建築很容易看到。

步行 2分

10:40

澀谷109

停留時間 **1**小時

澀谷109十層樓空間裡，全是專屬年輕女生的各式流行商品，店裡逛街的女孩子和店員，氣勢也和其他地方完全不一樣。現在日本女生流行什麼穿什麼、化什麼妝，109店裡都會立刻跟著轉換流行風向，想跟流行，這裡就能立馬入手。

時間 10:00~21:00　休日 1/1

網址 www.shibuya109.jp

開業超過40年，至今仍是澀谷潮流指標。

步行 12分　往大門前直走，在Hikarie商場大樓斜前方的十字路口左轉直行即達。

12:00

MIYASHITA PARK

停留時間 **1**小時

宮下公園MIYASHITA PARK，2020年經重新整頓後，轉變成結合商場、飯店、運動功能的複合設施。地面為全長約330公尺，四層樓高建築，內有90家個性品牌和精品名店和餐廳進駐。公園則提高到頂樓位置，整體環境綠意盎然，很適合成為逛街逛到鐵腿時的歇腳處。

美國知名潮牌KITH亞洲旗艦店也在這裡。

時間 商店11:00~21:00、餐飲11:00~23:00

網址 www.miyashita-park.tokyo

澀谷橫丁

13:00

停留時間 1.5小時

澀谷橫丁集結日本全國各地美食約20家店舖、於這條全長110公尺橫丁裡。每家店舖裝潢，各有其區域特色，但整體風格充滿濃濃復古氣氛，可感受到日本上班族居酒屋文化和時下年輕人正夯的昭和懷舊風。

時間 11:00~凌晨5:00(週日至23:00)
休日 設備檢修日
網址 shibuya-yokocho.com/

步行 7分 沿著剛才的路往回直走即可。

澀谷Hikarie

14:30

停留時間 1.5小時

Hikarie是辦公大樓與購物中心結合的複合式設施，總樓層有34樓，裡頭有世界最大音樂劇劇場「東急THEATRE Orb」及藝廊外，另有總共八層樓的ShinQs購物商場，結合美食、美容、時尚，並以20~40歲女性為主要客群。

時間 商店11:00~21:00、餐飲~23:00
休日 1/1 **網址** www.hikarie.jp

聚焦時尚流行的澀谷好買、好吃的據點。

步行 18分 沿Hikarie旁公益坂走便是青山區域，經過青山大學右轉入巷子即可達。

NOMU CAFE 青山

16:00

停留時間 1小時

結合花藝與咖啡，南青山的旗艦店附設咖啡屋「NOMU」，空間以品牌主題色「黑」打造極簡風格，餐點則呼應花屋調性，使用有機食材設計健康料理，還有新鮮水果製成的果昔、水果沙拉和水果塔。

時間 10:00~19:00 **休日** 基數月的第一個週一
網址 www.nicolaibergmann.com

將花藝結合室內空間打造質感生活。

往表參道車站的十字路口邊。

步行 6分

17:30

FURLA 青山本店

停留時間 **30分**

來自義大利的精品皮件品牌FURLA，旗下皮件色彩明亮風格洗練，加上實用的細節設計，成為上班族女性的愛用款。青山旗艦店每月兩次從義大利引進最新款式，4樓並設置FURLA Yoga，調和都會女性的身心靈。

時間 11:00~20:00
網址 www.furla.co.jp

步行 5分

沿表參道走，在Apple Store右轉進巷子就看到。

18:10

Flying Tiger Copenhagen 表参道店

停留時間 **50分**

源自丹麥哥本哈根的雜貨鋪，進入店內，色彩鮮艷的生活小物讓人心花怒放，加上每件約¥100~500不等的平實價格，讓每個人都卯起勁來大力採購，開心地滿載戰利品而歸。

時間 11:00~20:00　休日 不定休
網址 blog.jp.flyingtiger.com/

步行 12分

再往回走到表參道站、在FURLA的對面。

19:00

鳥政

停留時間 **1.5小時**

在青山開業30多個年頭的隱藏版名店，師傅全神貫注站立在炭爐前，掌握每塊雞肉的燒烤程度，呈現出最油潤完美的滋味。由於每串雞肉都是現場燒烤，入店後得耐著性子等待約15分鐘，不過等待絕對是值得的。

鳥政招牌美食、招牌烤雞丼。

時間 11:30~14:00、17:00~23:00(L.O.22:00)
休日 週日　價格 焼き鳥丼(烤雞丼) ¥1,500

步行 1分

斜前方即為車站入口。

20:30

表參道駅
Metro千代田線

Goal !

澀谷、原宿最新話題
風格景點一一打卡報到

🏷️ 澀谷　原宿　話題新店　打卡熱點　原宿駅　SHIBUYA SKY景觀台

澀谷駅周邊在這幾年持續進行大刀闊斧的都更計畫，並以澀谷駅為中心，邀集眾多建築師，一起打造出這裡全新建築風景。另外原宿站也是近幾年變化相當大的地方，原本可愛小巧的原宿站，重新改建後，加上周邊重新設計的嶄新商業空間大樓，讓兩個鄰近區域話題不斷。

早
10:00 渋谷駅
10:00 SHIBUYA SCRAMBLE SQUARE
　　　　 SHIBUYA SKY
12:30 澀谷STREAM

午
　　　　 原宿駅
14:30 原宿駅
14:40 CONVERSE STORE HARAJUKU
15:20 WITH HARAJUKU

晚
17:00 I'm donut?原宿店
17:30 原宿HARAKADO
　　　　 HARAKADO CAFE
20:30 明治神宮前駅

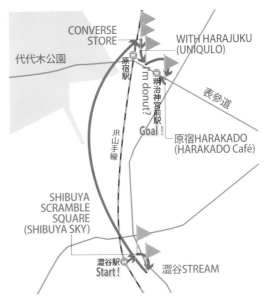

熱門打卡話題美地、美食
絕對都要FELLOW到

Point!

澀谷、原宿這兩處近幾年超高討論度的新點，幾乎都集中在車站周邊，收集起來真的一點都不費力，而且澀谷、原宿只有電車站一站的距離。

Start!

10:00

🚃 渋谷駅
JR山手線

步行 1分　位在與車站直結的大樓「SHIBUYA SCRAMBLE SQUARE」、45F。

全面透明玻璃隔間設計，不管站在哪個角落，都能與超美城市風光合影。

10:00

SHIBUYA SKY

停留時間 1小時

位在澀谷新地標「SHIBUYA SCRAMBLE SQUARE」頂樓的全新體驗型展望台，目前是日本最大露天展望區，加上不少人氣偶像團體和知名電視節目在此拍攝取景，吸引不少粉絲朝聖，成為網紅們超強打卡景點。

時間 10:00~22:30 (入場至21:20)
休日 1/1，不定休、天氣不佳時
價格 大人¥2,500、國高中生¥2,000、小學生¥1,200、3~5歲小孩¥700、未滿3歲免費
網址 www.shibuya-scramble-square.com/sky

搭電梯下樓，SHIBUYA SCRAMBLE SQUARE就在大樓內的B2~14F

SHIBUYA SCRAMBLE SQUARE

停留時間 1.5小時

2019年開幕，地上共47樓與車站直結，是澀谷目前最高樓，同時也是結合展望台、辦公室、產業交流、購物等大型複合型商業設施，商場內風格充滿年輕活力，無論紀念品區、品牌服飾、美食街到頂樓展望台，都值得一層層仔細逛。

時間 購物10:00~21:00，餐廳11:00~23:00
網址 www.shibuya-scramble-square.com

11:00

步行 4分　在圍繞澀谷站旁高架道路的另一側。

12:30

澀谷STREAM

停留時間 1.5小時

2018年開幕，35樓超高樓層有辦公室、飯店、表演場、商場等複合設施，商場集中在1~3樓，以商店及餐飲為主軸，最特別的是大樓戶外廣場旁將原本被覆蓋的澀谷溪重見天日，讓這棟商場成了有河畔的悠閒風景，也是取名STREAM的由來。

時間 依各店舖而異
休日 1/1，不定休
網址 shibuyastream.jp

商場大樓正面的稻荷橋廣場，大片的階梯，是IG拍照美地之一。

¥150

電車 **2分**

渋谷駅 JR山手線

原宿駅 JR山手線

下車即達。

14:30 **原宿駅**

停留時間 **10分**

建於大正時期的原宿駅駅舍，於2020年正式翻新為全新外觀的原宿駅，為了留存原有的歷史外觀，在增加防火設施同時，以原有外觀重建設計更添現代科技感，與原宿駅的百年風華相互映襯，重建後的車站和一旁的明治神宮共同呈現原宿裡的一抹獨特風景。

步行 **2分**

在竹下通第一條巷子右轉。

14:40 **CONVERSE STORE HARAJUKU**

停留時間 **40分**

2024年7月新開幕，CONVERSE日本首間旗艦店，經典鞋款和日本製鞋款、最新人氣鞋款等一應俱全。空間設計大膽地在地面鋪設瀝青和讓人聯想起籃框的鞋款等，將Converse的起源「籃球」和「街頭文化」等元素在此結合。

© CONVERSE STORE

全新體驗型店鋪內，也提供這裡才能買到的限定商品。

時間 11:00~19:00

再走回到原宿站方向，在車站正對面、有IKEA的這棟。

步行 **2分**

15:20 **WITH HARAJUKU**

停留時間 **1.5小時**

2020年6月開幕，找來日本國際建築大師伊東豐雄所設計，展現原宿不同以往的新穎氣息，商場內以年輕人為目標顧客群，必注目的有IKEA、WITH HARAJUKU PARK空間露臺，更有首家以科技結合的UNIQLO。

時間 7:30~23:30，依各店鋪而異

網址 withharajuku.jp

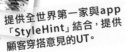

提供全世界第一家與app「StyleHint」結合，提供顧客穿搭意見的UT。

往表參道方向走，在路口轉角。

步行 2分

 pistocchio
 prosciutto
 i'm donut?
cacao

表參道店商品走粉紅色調特別可愛。

17:00 I'm donut?原宿店

停留時間 20分

榮登東京近期最夯美食的甜甜圈，是來自福岡麵包店「AMAM DACOTAN」所販售其中一個商品，因實在太熱賣，便獨立推出專賣店。獨創的生甜甜圈，口感蓬鬆卻有帶有Q彈嚼勁，口味豐富，造型又可愛，難怪成為排隊名店。

沿表參道繼續走，在第一個大十字路口。

步行 4分

時間 10:00~19:00售完為止
網址 www.instagram.com/i.m.donut

17:30 原宿HARAKADO

停留時間 2.5小時

2024年4月開幕的原宿ハラカド（HARAKADO），由知名建築設計師平田晃久設計，打造地下一層、地上七層的商業設施，多角度不規則的玻璃帷幕更是令人眼睛一亮，作為「年輕世代的文化發信標的」，有吃、有看還有玩，是東京時下最受注目的景點。

時間 7:00~23:00 營業時間因樓層而異
休日 1/1　網址 harakado.tokyu-plaza.com

在原宿HARAKADO 4F。

20:00 HARAKADO CAFE

停留時間 30分

在HARAKADO逛街並用完晚餐後，別忘來這裡外帶一杯飲品，再到展望台吹風看風景。這家由創業已168年的京都料亭「下鴨茶寮」與代官山咖啡名店「私立珈琲小学校」異業合作，有咖啡也有京都抹茶飲料和料亭裡提供的輕食MENU。

時間 11:00~21:00

步行 1分

地下樓與地鐵直結。

20:30 明治神宮前駅
Metro千代田線

頂樓綠意盎然的展望台，宛如身處在漂浮於空中的森林，遠方還能看到東京鐵塔身影。

澀谷・原宿・表參道・六本木周邊

Goal！

氣質優雅青山、藝術時尚中城 魅力串聯一日

青山 明治神宮外苑 原宿教會 骨董通 美術館 東京中城

過去因德川家康重臣青山家曾在這一帶建有廣闊的下屋敷(別墅),因而得名「青山」。現在青山成為綠意環繞的高級住宅區,寬敞的大道並列著世界名牌與高質感餐廳,精心設計的建築外觀讓每個轉角都充滿藝術氣息,適合優雅地漫步閒逛。

早
09:30 外苑前駅
09:40 明治神宮外苑
10:30 原宿教會
11:00 WATARI-UM

午
12:00 WORLD BREAKFAST ALLDAY
      表參道駅
14:00 青山學院大學
15:00 骨董通
16:00 Aoyama Flower Market TEA HOUSE

晚
17:30 東京中城
      鈴波
21:00 六本木駅

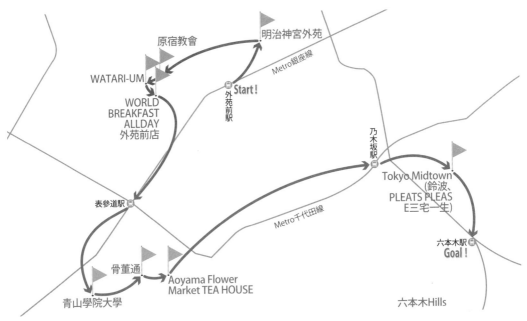

青山周邊潮流街區裡的風格藝術之旅

Start！

Point!
以地下鐵銀座線、千代田線交會的表參道站為中心，只須往外1、2站，就能串起這條充滿個性與設計藝術感的路線，便利又輕鬆。

09:30

外苑前駅
Metro銀座線

步行 **4**分

就在出站後斜前方。

09:40

明治神宮外苑

停留時間 **40**分

明治神宮外苑廣大的腹地內集結棒球場、網球場、高等學校等設施，與內苑明治神宮的日式典雅風格大相逕庭。最知名的就是秋日的銀杏行道樹(イチョウ並木)，金黃葉色期間更有熱鬧的銀杏祭，還有小攤可享用到熱騰騰的日本小吃。

時間 自由參觀

網址 www.meijijingugaien.jp

四排銀杏樹的枝枒上一片金黃燦爛，美得令人屏息。

從外苑前的大通走，在AOYAMA GRAND HOTEL右轉直走即可。

步行 **12**分

原宿教會

10:30

停留時間 **30**分

純白色外觀有著波浪般造型的原宿教會，因其光影在建築物內的美麗變化而被稱為「東京的光之教堂」，設計師北川原溫將光線透過不同的出口與角度，穿透在禮拜堂內，是著名的建築設計經典。

時間 禮拜時間：週日10:30~12:00

網址 www.harajuku-church.com

沿教會旁的小路直走後，就在大馬路對面。

步行 **2**分

WATARI-UM

11:00

停留時間 **1**小時

WATARI-UM在東京藝文圈是頗有名氣的美術館，展出的作品以當代藝術、攝影、建築、設計等和現代感強烈的藝術創作為主，美術館延請到瑞士建築師Mario Botta設計，又有雕刻建築的美稱。

自1990年開館以來，被稱為是青山藝術發源地。

時間 11:00~19:00　休日 週一，年末年始

價格 依展覽而異　網址 www.watarium.co.jp

位在同一條馬路上的隔壁巷口。

步行 1分

12:00 WORLD BREAKFAST ALLDAY外苑前店

停留時間 1.5小時

這是間讓你吃早餐同時環遊世界的餐廳，主要依季節氣候與節日活動來變換國家主題，從約旦、墨西哥、芬蘭、保加利亞到克羅埃西亞等，世界地圖上熟悉或不熟悉的地方，都有可能出現在這裡的早午餐名單中。

步行 5分

¥180 電車 2分

外苑前駅 Metro銀座線　表參道駅 Metro銀座線

步行 8分

出站後沿青山通直走即達。

時間 7:00～20:00(L.O.19:00)

休日 不定休

網址 world-breakfast-allday.com

14:00 青山學院大學

停留時間 1小時

在昂貴青山擁有最大面積綠地的就只有青山學院大學，這所天主教學校，在日本算是貴族級的大學，不過對於一般觀光客來說，除了能在都市中找到一片悠閒的綠意，提供平民價格定食的大學食堂也是魅力之一。

時間 自由參觀

網址 www.aoyama.ac.jp

校園右側圍牆外隔鄰的平行路就是骨董通。

步行 2分

15:00 骨董通

停留時間 1小時

與青山通垂直的骨董通，顧名思義是一條坐落著許多古董店與藝廊的街道，透過店面櫥窗可看到古老的書畫、器皿與藝術品，近年還更多了講求品味的精品名牌店，巷弄中的小店更是吸引人，是條適合成熟男女的散步道。

時間 依各店鋪而異

在骨董通中間段的巷子裡。

步行 2分

16:00

Aoyama Flower Market TEA HOUSE 南青山本店

停留時間
1小時

由知名連鎖花店品牌Aoyama Flower Market 所經營的咖啡店，室內設計放眼全是綠色植物和當季鮮花，讓人宛如置身於溫室花園中，不論是整體空間，還是甜點、飲料，都充滿「花」的元素。

在群花環抱中，享受都會溫室優雅下午茶。

步行 5分

¥180 電車 2分

表參道駅 Metro千代田線　乃木坂駅 Metro千代田線

時間 10:00~21:00(餐點L.O.20:00、飲品 L.O.20:30)　**網址** www.afm-teahouse.com

步行 5分

出站後，沿著乃木坂這條路走就會看到。

17:30

東京中城

停留時間
2小時

舒適綠意環境，將東京商場帶入新境界。

由日本不動產龍頭三井建立了城中之城「東京中城」，其絕妙的空間構成，散發出來的是「和」的自然韻律，現代摩登與和樂之美的精湛揉合，Midtown 成為商業、住宅、藝術、設計的樞紐重鎮，展現出東京進化演變的最新指標。

時間 購物11:00~20:00，Café11:00~21:00，餐廳 11:00~23:00　**休日** 1/1，依各設施而異 **網址** www.tokyo-midtown.com

鈴波 在東京中城Galleria B1F。

19:30

鈴波

停留時間
1.5小時

將魚片與特製味醂酒粕醬醃漬，帶出迷人風味與口感。

説到大和屋的守口漬，在名古屋可是赫赫有名，而鈴波則是大和屋秉持傳統工法推出的酒粕漬魚品牌。將肥嫩的鱈魚、甘鯛、鮭魚放到特製味醂酒粕醬中醃漬入味，讓肉質變得香甜Q嫩，烤魚定食套餐即可一次品嚐多道的風味美食。

步行 1分

東京中城與六本木駅的8號出口直結。

21:00

六本木駅 Metro日比谷線・大江戶線

時間 賣店11:00~21:00；用餐處11:00~15:00(L.O.)、16:30~20:30(LO.)　**休日** 年末年始 **價格** 鈴波定食¥1,650 **網址** www.suzunami.co.jp

Goal！

澀谷・原宿・表參道・六本木周邊

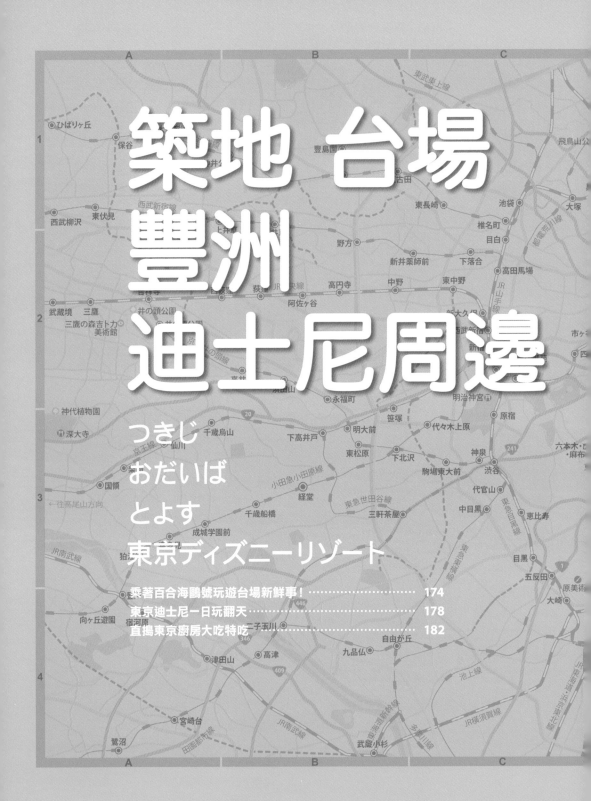

築地 台場
豐洲
迪士尼周邊

つきじ
おだいば
とよす
東京ディズニーリゾート

這一大區以勝鬨橋、有明垮海大橋等一路串連的臨海造地區域，分別有築地、月島、豐洲市場、台場、迪士尼樂園，其中築地、豐洲可說是前後期的東京漁市所在地，但至今新舊兩地都各自精采，是大家追尋魚鮮海味的聖地；月島則有著老派月島燒至今依舊引人味蕾。台場跟迪士尼樂園，根本就是娛樂之王了，各自都能毫無疑問地安排玩一整天都沒問題。整個來說，吃玩就是本區重點，還好台場也很好買，而銀座、東京、汐留、新橋都在10分鐘左右車程距離，也都是能補足想購物者的延伸戰場。

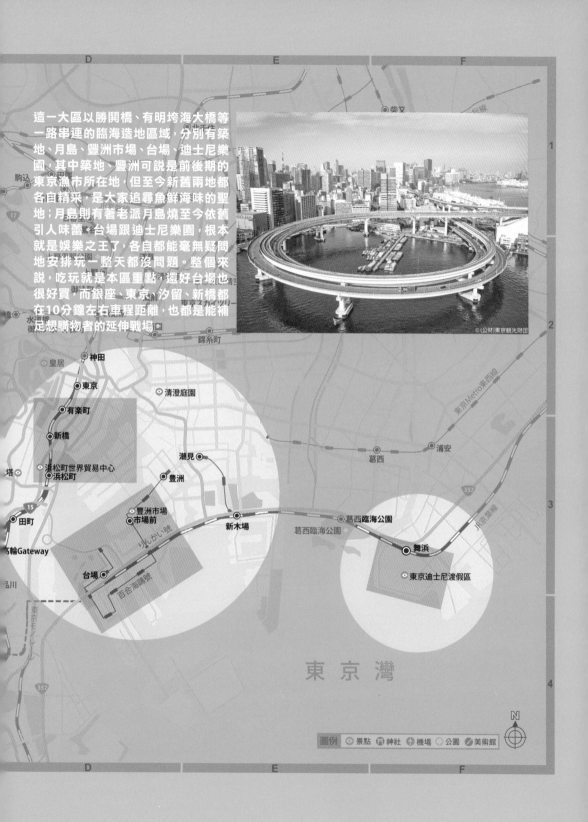

©(公財)東京観光財団

D E F

柴又

北千住

駒込

17

上野恩賜公園

御徒町

秋葉原

橋
水道橋
御茶水

東京スカイツリー

錦糸町

皇居 神田

東京

清澄庭園

有楽町

新橋

浜松町世界貿易中心
浜松町

塔

田町

15

高輪Gateway

潮見

豐洲

豐洲市場
市場前

りんかい號

台場

百合海鷗號

新木場

葛西臨海公園

東京Metro東西線

葛西 浦安

357

JR京葉線

葛西臨海公園

舞浜

東京迪士尼渡假區

東京モノレール

357

東 京 灣

N

圖例 ◎景點 🏛神社 ✈機場 ○公園 🎨美術館

乘著百合海鷗號玩遊台場新鮮事！

台場　豐州市場　美食　科學館巡禮
鋼彈　浪漫夜景

一早先到繼承築地精神，肩負擔當東京水產物流心臟的新市場滿足口腹之慾！接著繼續前往台場，在各大購物商場之間穿梭，不只有逛有買，許多有趣的景點設施，更是值得停下腳步來慢慢賞遊。

早
08:00 市場前駅
08:10 豐洲市場
　　　　岩佐壽司
10:10 日本科學未來館
11:30 船的科學館

午
12:20 富士電視台
13:30 DECKS Tokyo Beach

晚
16:00 Diver City Tokyo Plaza
18:00 AQUA CITY ODAIBA
21:00 台場駅

前進臨海副都心 逛一天都不膩！

Point!
玩台場不用怕天氣不好！由於眾多景點皆以室內為主，遇到陰雨天一樣很盡興！甚至可以成為雨天備案！

Start!

08:00　🚃 **市場前駅** 百合海鷗號

豐洲市場三棟批發市場及車站間以空中廊道串聯，讓旅客完全不受天候影響。

出站後順著天橋標示走便會抵達。

停留時間 1小時

豐洲市場
08:10

龐大市場分成三大棟建築：「海鮮批發大樓」、「海鮮仲介批發大樓」以及「蔬果批發大樓」。除了享用美食外，當然就是從室內參觀通道隔著玻璃、居高往下觀看整個交易過程。海鮮仲介批發大樓這棟有吃有買，如果時間有限，建議手刀先衝這裡就對了！

時間 店時間：參觀通道5:00~17:00，餐飲店與商店(營時各異)，餐飲約5:00~15:00
休日 週日、國定假日及休市日(休市日請上網查看) **網址** www.toyosu-market.or.jp/

除了參觀跟吃，「海鮮仲介批發大樓」4樓的魚河岸橫丁包含70多家店鋪，也很好買。

🚃 **市場前駅** 百合海鷗號　🚃 **青海駅** 百合海鷗號

向左沿著青海・有明南連絡線直行，過了シンボルプロムナード公園後左轉，直行後右手邊即是。

Tips
百合海鷗號一日券
今日以百合海鷗號為主要串聯交通工具，買一張一日券就對了！(單程￥190~390，一日券￥820。小孩半價)

步行 3分　在海鮮仲介批發大樓3F。

09:00
岩佐壽司

停留時間 1小時

在幾乎只有櫃台座位的眾多店家中，岩佐還有雙人座位，讓店內顯得更加舒適寬敞。尤其對於觀光客來說，有著親切的女將老闆娘的服務，也讓人緊張感放鬆不少呢。選坐櫃台座位，欣賞老師傅熟練的捏製壽司技藝，也是品嚐握壽司的一種特別享受。

一日券 **時間** 6:00~15:00 **休日** 同市場 **價格** ちらし丼￥3,300，握壽司￥2,200起
網址 www.iwasasushi.jp

電車 15分

步行 12分

10:10
日本科學未來館

停留時間 1小時

由太空人毛利衛擔任館長，館內展示地球環境、宇宙等最先端的技術，並高掛著一個巨大的地球顯示儀，可顯示地球上目前的大氣氣象、地表溫度等。也展示在日本引起話題的機器人「ASIMO」，不但會走路說話，還能用日文回答你的問題。

時間 10:00~17:00(入館~16:30) **休日** 週二、12/28~1/1 **價格** 成人￥630、18歲以下￥210、6歲以下免費。星期六18歲以下免費 **網址** www.miraikan.jst.go.jp

步行 **7**分

從博物館出來向左轉，沿著指標往東京国際クルーズターミナル駅前進，左邊即是。

船的科學館

11:30

停留時間
30分

船的科學館於1974年完工，特殊的郵輪型建築，遠看彷彿一艘大船停泊港口，近看更是壯觀。2011年起，因為建物老化，關閉本館的展示。即便如此，今天來到船的科學館，依舊有不少可看之處。

時間 10:00~17:00 　**休日** 週一，12/28~1/3
價格 免費

🚃 **青海駅** 百合海鷗號　🚃 **台場駅** 百合海鷗號

電車 **5**分 一日券

步行 **4**分

台場駅南出口向右前方直行即達。

Sazae San SHOP設有可愛場景可以拍照，還有賣熱騰騰的紅豆餅。

富士電視台

12:20

停留時間
1小時

來到富士電視台除了可以一圓電視夢，還可以親身體驗電視節目的藍幕效果。電視台主要參觀區可分為1樓劇場大廳、5樓美妙街道、7樓樓頂庭園、24樓鬧鐘天空，以及25樓球體瞭望台，若有時間不妨至瞭望台遠眺風景。

時間 10:00~18:00(依設施而異)
休日 週一(遇假日順延) 　**價格** 免費參觀；球體展望室「はちたま」大人¥800、中小學生¥500
網址 www.fujitv.com/ja/visit_fujitv

高掛在方形建築上的銀色巨球，就是富士電視台的球體展望室，可將東京市區一覽無遺。

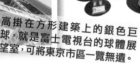

步行 **4**分

由富士電視台東北角過馬路即達。

DECKS Tokyo Beach

13:30

停留時間
2.5小時

DECKS結合海島商場、濱海商場、東京JOYPOLIS(遊樂設施)三大設施，以休閒為主題，設有許多趣味小店。商場內除了觀海餐廳，還加入新鮮的特色主題區，例如台場一丁目、杜莎夫人蠟像館、LEGOLAND、章魚燒博物館等，精彩好玩又好吃。

時間 商店11:00~20:00(假日~21:00)，餐飲11:00~23:00
網址 www.odaiba-decks.com

台場一丁目商店街將昭和年代的東京街頭再現。

從青海縱貫線爬上天橋後左轉即達。

步行
5分

16:00 DiverCity Tokyo Plaza

停留時間
2小時

館內有超過150間店進駐，集結海外知名品牌、國內休閒品牌之外，匯集13家美味餐飲的美食區也是一大焦點，容納約700個座位的規模傲視全台場。

時間 商店11:00~20:00、假日10:00~21:00。美食廣場11:00~21:00，餐廳11:00~22:00

網址 mitsui-shopping-park.com/divercity-tokyo

DiverCity廣場上有超大獨角獸鋼彈立像，以1:1實物大小正式在此亮相！每天還會有精彩的燈光特效展演，讓鋼彈迷們看得如痴如醉。

時間 11:00~21:30(白天整點一次，晚上每30分鐘一次)

步行
9分

沿著天橋往回走，經過富士電視台後左手邊即是。

築地·台場·豐洲·迪士尼周邊

18:00 AQUA CITY ODAIBA

停留時間
3小時

集合約50間餐廳、70家商店的大型購物中心。面臨台場海濱公園，擁有最佳的視野，尤其華燈初上時，也可以在這選家海景餐廳享用晚餐，欣賞壯闊的景色，或是到旁邊的夢之大橋走走，享受最浪漫的一夜。

4F的和風創作料理居酒屋「權八」，窗外就是台場美麗的彩虹大橋。

面向富士電視台往右走即為車站。

步行
5分

台場駅
百合海鷗號

如果還有體力，也可以趁著夜色到台場海濱公園與彩虹公園逛逛，近距離欣賞彩虹橋與自由女神像的雄偉。

時間 商店11:00~21:00，餐廳11:00~23:00(美食廣場21:00止) 休日 不定休 網址 www.aquacity.jp

21:00

Goal!

東京迪士尼一日玩翻天

迪士尼樂園　　迪士尼海洋　　城堡奇緣　　世界市集　　夜間遊行　　玩具總動員

鄰近東京、位於千葉縣的東京迪士尼度假區，是旅客造訪東京時最喜愛的景點之一。由於距離東京車站只需15分鐘的電車距離，來這裡玩，完全不用擔心早早得出門、又玩到太晚。由於園區內好吃、好玩、好買程度實在太瘋狂，一天玩不過癮的話，安排2天也一點都不會嫌太多。

早	07:50 舞濱駅 08:00 東京迪士尼樂園
午	東京迪士尼樂園
晚	東京迪士尼樂園 21:00 旅途愉快 22:00 舞濱駅

所有人的夢幻樂園
吃喝玩買、看表演全都不要錯過
Start!

Point! 園區內雖然9點才開門，但提前1小時去排隊入園是常識，能避開人多的日期尤佳，總之，一進場就是要玩到關門再出來就對了！

07:50 JR舞濱駅 JR京葉線、武藏野線

從東京駅搭乘JR，約15分鐘即可到達東京迪士尼度假區所在的舞濱駅，單程票¥220。

Tips 入園前門票必先買好&迪士尼APP必先下載！

想去迪士尼，事先規劃園內路線、預先買好票券，可說是行前「務必」事先做的事。一般2個月前就可以開始網路上購票，並取得電子入場資料。而下載迪士尼APP，不但對於在園區內的各式即時資訊都能看到外，重點是想取得「預約等候卡Standby pass」(包括商店、餐廳或遊樂設施，當日釋放的項目不一定)；或是付費的「DPA(迪士尼尊享卡)」，類似快速通行的概念，數量也是有限，一次¥2,000，都一定得透過APP才行，雖大部分功能必須在園區內才有作用，但由於APP必須登錄會員資料，可在台灣或是一抵達日本就先下載熟悉一下介面，到時才不會手忙腳亂。詳細最新功能請上官網查看。

步行 **5分**

09:00

東京迪士尼樂園

停留時間 **1天**

1983年，東京迪士尼樂園成立，2000年7月「伊克斯皮兒莉」購物商城與「迪士尼大使大飯店」落成，2001年全世界唯一以海洋為主題的迪士尼樂園「東京迪士尼海洋」隆重開幕，同時間成立「東京迪士尼海洋觀海景大飯店」。由兩座主題樂園、夢幻住宿飯店、精采餐廳和購物商城結合而成，總面積廣達200公頃，從早玩到晚也很難玩得完。

(時間) 9:00~21:00(依季節變動，最長8:00~22:00)

(休日) 有單一設施維修日，出發前務必確認

(價格) 一日護照全票¥7,900~9,400、12~17歲學生¥6,600~7,800、4~11歲¥4,700~5,600 (東京迪士尼樂園或東京迪士尼海洋擇一入場。票價為浮動式、每日票價不一樣)

(網址) www.tokyodisneyresort.jp/tc/index

東京迪士尼樂園大飯店
Tokyo Disney Resort Station
舞浜駅
旅途愉快 BON VOYAGE
JR京葉線
DISNEY RESORT LINE
東京迪士尼樂園
Bay Side Station
Tokyo Disney Sea Station
東京迪士尼海洋

築地 台場 豐洲 迪士尼周邊

園內必玩精彩推薦

美女與野獸「城堡奇緣」

2022年迪士尼樂園裡全新開放的新設施，在野獸迄居住的城堡裡，座入搖擺轉動的魔法杯中前進，隨著一道一道的城堡內大門的開啟，跟著電影中動人的音樂、及一幕幕的劇情進展，進入一個個的經典的電影場景中，一起感受這充滿魔法的愛情故事。

巴斯光年星際歷險

在恐怖的札克大王率領下，宇宙最邪惡的壞蛋們竟然一同入侵了己！快加入巴斯光年的正義陣營，登上太空遊艇進行維持宇宙和平的任務吧。一邊操縱飛艇，一邊使用雷射槍攻擊敵人、機械兵與札克大王的秘密武器，最後還可以知道自己在宇宙騎兵隊裡的總成績喔！

怪獸電力公司「迷藏巡遊車」

夜深人靜的怪獸電力公司裡，各種怪獸和大家的老朋友阿布、毛怪蘇利文和大眼仔麥克，正準備和遊客們玩一場歡樂的捉迷藏。快登上巡遊車，準備好你的手電筒，一起找找看怪獸們到底躲在哪裡吧！

世界市集

來到迪士尼豈有兩手空空回家的道理？位於東京迪士尼樂園入口處的世界市集，數間商店販賣各式各樣的迪士尼獨家商品，有玩偶、餅乾、巧克力等不勝枚舉，每種設計都可愛得不得了。別忘了替家人、朋友和自己購買紀念品喔！

夜間遊行「東京迪士尼樂園電子大遊行～夢之光」

迪士尼的夜間遊行行之有年，也一直被列為前來迪士尼必看的精采大秀之一。在熟悉的迪士尼歌曲聲中，從愛麗絲夢遊仙境、白雪公主到怪獸電力公司、海底總動員裡的卡通明星們一次到齊，配合著繽紛燈光和絢爛場景，讓大家再次享受迪士尼的美麗與夢幻。

時間 每日19:00開始，全程約45分。詳細時間以官網公布為準。

小熊維尼獵蜜記

東京迪士尼樂園內人氣超旺的小熊維尼獵蜜記，入口處就以一本超大的故事書來迎接每一個人，坐上獨特的蜂蜜甕，隨著可愛的小熊維尼和好朋友跳跳虎、咿唷與小豬，一同到維尼居住的百畝森林採集美味可口的蜂蜜吧！

Tips

園區內也有環狀電車、省腳力

總面積廣達200公頃的東京
迪士尼度假區,由環狀單軌電
車「迪士尼度假區線／DISNEY
RESORT LINE」串連起來,逆時針行走的
電車,串連度假區內的各大設施,是暢遊
園區各處最方便的交通工具。除了可從高
處一覽度假區全貌,車內還處處可見米奇
的耳朵造型,十分有趣。

價格 單程票¥300、半票¥150。1日券
¥400、半票¥350

21:00

旅途愉快
BON VOYAGE

停留時間
1小時

迪士尼園區晚上關閉後,走出
園區,如果還意猶未盡,那麼車站邊這處寬廣的
園區外賣店,營運到晚上10點,還可以做最後衝刺,
繼續大買特買!

時間 8:00~22:00(依樂園營運時間而更動)
網址 www.tokyodisneyresort.jp/tdr/facility/bv.html

住在園區內也很讚

在迪士尼玩一整天雖然會讓人興奮到忘
記疲累,但一天下來晚上可真的累慘了,或
是對於一早起床搶早來排隊入園太艱辛的
人,那麼直接入住迪士尼就是正解!園區
內有迪士尼大使大飯店、東京迪士尼樂園
大飯店,可讓迪士尼夢幻直接延伸到夢境
中。

就在車站邊。

步行
1分

JR舞濱駅
JR京葉線、武藏野線

22:00

Goal!

直搗**東京廚房**大吃特吃

築地市場　築地本願寺　海鮮早餐　月島　文字燒　銀座購物　汐留夜景

築地市場雖然場內市場已遷址至豐洲市場，但交通便利的場外市場仍舊有不少老店，每天熱鬧滾滾。鄰近築地的月島，則是下町料理「もんじゃ(文字燒)」的發源地。而同樣圍繞港灣的鄰近地汐留，超高層新穎大樓林立，加上穿梭高樓間的百合海鷗線，整體散發強烈未來感，美食美景也很吸引人。

早
08:30 築地市場駅
08:40 築地場外市場
　　　　 築地喜代村　壽司三昧
11:00 築地本願寺

午
12:10 勝鬨橋資料館
13:00 おしお 和店
　　　　 銀座
15:00 無印良品 銀座
　　　　 マロニエゲート銀座2&3

晚
　　　　 新橋
18:00 日テレ大時計
18:30 Caretta汐留
21:00 汐留駅

白日拜訪東京廚房老風貌
夜晚汐留享受科技未來感

Point!

以築地為中心點，周邊圍繞著月島、有樂町銀座、汐留，都只有一站電車距離，但風情卻大大不同，海鮮美食、下町風情、購物鬧區、浪漫夜景一次滿足。

Start!

08:30
🚉 築地市場駅
大江戸線

步行 **3分**

08:40

從車站的A1出口直走就是場外市場正門。

築地魚河岸 海鮮市集

為配合場內市場遷移，新建這處集合原場外市場店家的新海鮮市集，入駐約**60間**海鮮、蔬果店家，並於**3樓**設置魚河岸食堂，旅人可以馬上品嚐新鮮食材的滋味外，還有中華料理、炸物、咖哩以及喫茶處。

築地場外市場

像迪化街的場外市場，由多家連在一起的狹小店舖所組成，入口在晴海通與新大橋通的交叉路口，主要販賣做料理用的道具、醃漬品、乾貨等食材，還有生魚片、鰻魚燒、海鮮蓋飯等小吃店，活跳海鮮至今依舊吸引世界觀光客目光。

停留時間 1小時

時間 約6:00~14:00(各店營時不一)
休日 週日、三，例假日
網址 www.tsukiji.or.jp

步行 **2分**

在築地場外市場內。

停留時間 1小時

築地喜代村 壽司三昧 本店

築地市場是壽司店的集中地，24小時營業的壽司三昧，打破壽司店給人高價神秘印象，以明亮的大扇櫥窗和清楚標示的合理價格，吸引客人安心上門，也特別為外國客人準備圖文並茂的英文菜單，店內招牌是不同部位的鮪魚握壽司。

時間 24小時　**價格** 握壽司單點¥107起、本まぐろ三種盛り(3中鮪魚生魚片拼盤)¥3,080
網址 www.kiyomura.co.jp

當日特別的漁貨則會寫在店內黑板上，也可以請師傅們推薦唷！

09:30

步行 **4分**

就在場外市場外面。

部分區域被指定為國家重要文化財。

11:00

築地本願寺

歷經遷移、火災、地震，現今所見的本堂設計由著名建築史家伊東忠太博士負責。遊歷亞洲各國的他，促成了築地本願寺的獨特設計，借用印度及亞洲古代佛教建築的特色，外觀充滿東方風情，本堂入口的彩色玻璃窗及眾多動物雕刻更增添了其異國情調，彷彿穿越至絲綢之路上的古老佛教國度。

停留時間 1小時

時間 本堂6:00~16:00　**價格** 自由參拜
網址 wsukijihongwanji.jp

沿著場外市場與築地本願寺
中間的路直走即達。

步行
6分

勝鬨橋資料館

12:10

停留時間
40分

資料館一旁即是知名的勝鬨橋。在1940年代設計的可開闔的橋面設計，讓船隻順利通過，控制勝鬨橋開闔的設置位在勝鬨橋靠近築地市場這側，勝鬨橋資料館，便是改建於此座變電所。館內資料展示，讓人了解勝鬨橋、甚至是整條隅田川上的發展歷史。

走過勝鬨橋後，第一條路左轉直走即達。

步行
14分

2007年，勝鬨橋被列入國家重要文化財。

時間 9:30~16:30，12~2月9:00~16:00 **休日** 週一、三、日，12/29~1/3 **價格** 免費參觀

13:00 ### おしお 和店

停留時間
1小時

高知名度的おしお是月島的元老級店舖，光是在西仲通商店街上就有三家店面。其中這家和(nagomi)分店特別受到年輕女性歡迎。招牌的什錦文字燒「五目」，加入豬肉、蝦子、章魚、花枝、炒麵，可吃到五種不同口感，是必點菜單。
時間 11:00~23:00(週六日及例假日至22:30)

© 公財東京観光財団

月島文字燒一條街

下町料理「文字燒(又稱月島燒)」的發源地，就在月島。從隅田川附近到月島車站一帶就聚集了不少文字燒餐廳，尤其在有「月島文字燒街」之稱的西仲通商店街，短短400公尺的街道齊聚超過30間文字燒店，推薦可來這裡品嚐獨特的懷舊滋味。

¥180
電車
5分

月島駅
有樂町線

銀座一丁目駅
有樂町線

步行
3分

從地鐵5號出口直行即達。

15:00 ### 無印良品 銀座

停留時間
1小時

達十層樓的全新MUJI大樓，商品齊全外，還有不少其他Muji分店沒有的新設施，MUJI全球第一家飯店也在此。想稍事休息歇腿的話，6F有MUJI Coffee & Salon，1F有MUJI Coffee & Bakery、B1F有MUJI Diner可以選擇。
時間 11:00~21:00，B1F MUJI Diner 11:00~22:00，MUJI Coffee & Salon 11:00~22:00
網址 shop.muji.com/jp/ginza

就在無印良品對面，一字排開的3棟建築。

步行 1分

マロニエゲート銀座2&3

16:00

一字排開、氣勢不輸銀座其他大型百貨的MARRONNIER GATE，總共3館的建築，好吃好買無庸置疑，以天橋串連的2 & 3，則更聚焦女性客層，最特別的是連裡面的UNIQLO都只賣女裝。

停留時間 1小時

時間 11:00~21:00

¥150
電車 3分

有樂町駅 JR山手線　新橋駅 JR山手線

步行 2分

與車站直結，在日本電視台大樓 2 F廣場。
注意整點前抵達才能看到報時演出喔。

日テレ大時計

18:00

位在日本電視台的大時鐘，是汐留最有人氣的地標，耗時5年構思，花了1年4個月打造的日本最大時鐘，中央為主要的時鐘面，左右各有活動機關，每當報時一到，總共會有32個人偶機關活躍地動作，過程僅約3分鐘，可別錯過時間。

停留時間 10分

時間 10:00(僅週六日)、12:00、13:00、15:00、18:00、20:00　網址 www.ntv.co.jp/shiodome/shop/tokei.html

日本電視台大時鐘，由知名日本動畫家宮崎駿所設計。

步行 4分

就在高架路對面，可透過地下通道串聯。

Caretta汐留冬季點燈
昔日曾是海洋的汐留地區，每年耶誕節期間在Caretta汐留前廣場上舉辦的燈節就將當年湧上汐留的美麗潮汐，透過LED燈光來呈現，充滿浪漫夢幻。
時間 11月中旬~12月下旬，約17:00~22:30
點燈(每小時會有2~3次演出，每次約6分鐘)

Caretta汐留

18:30

Caretta汐留是此區最受矚目的複合式大樓，冬季美麗的點燈景致，更讓這裡備受歡迎。包括46~47樓的高層景觀餐廳、購物商場、電通四季劇場「海」，以及東京廣告博物館。如果吃不起高層美景餐廳，地下1~2樓還有近50家精選商店與餐廳進駐，其中不乏老字號的名店。

停留時間 2.5小時

時間 購物10:00~20:00，餐廳11:00~23:00

Caretta位在汐留駅跟新橋駅中間，三者間有地下通道串聯。

步行 4分

21:00

汐留駅 大江戶線　or　新橋駅 JR山手線

電通四季劇場，常有世界名作與話題創作發表演出。

Goal!

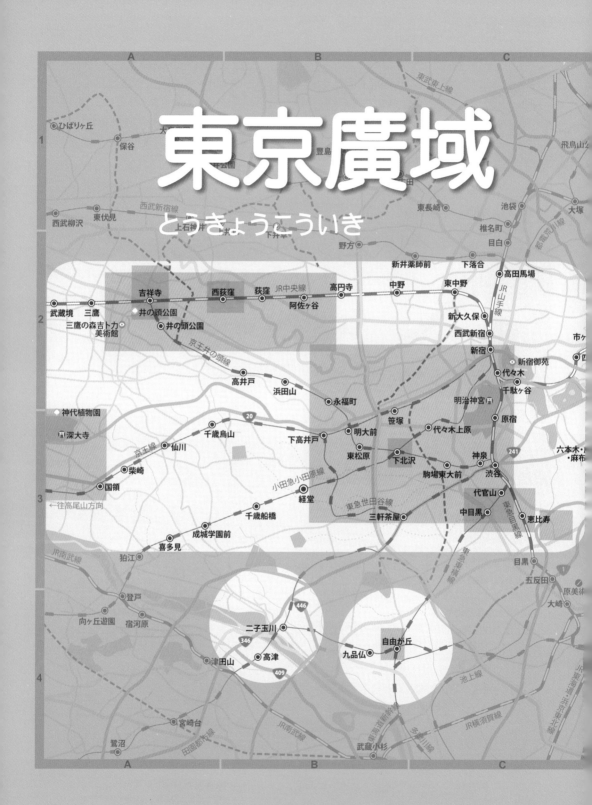

東京廣域

とうきょうこういき

以JR山手線串起來的東京中心蛋黃區域，可說是東京都最熱鬧的精華點，也最具代表，但不斷往外擴散的街區，也在跨出山手線圈後，以各自獨特的迷人魅力，吸引著不少人特地稍微走出都市中心，感受不一樣的東京面貌。其中頗受歡迎的代官山、中目黑、下北澤、吉祥寺、三鷹、自由之丘等，早已成為必逛的熱點之外，稍稍再拉伸一點路線的話，高圓寺、西荻窪、調布、二子玉川、高尾山也都很值得一訪。而東京唯二的路面電車、世田谷線，則以時速15公里的緩慢速度，帶領你一站一站前往你從未想像過的新風景，復古的老派電車，電車迷絕不能錯過。

◎東京迪士尼渡假區

圖例 ◎景點 ⛩神社 ✈機場 ◎公園 ✔美術館

N

奧澀谷、下北澤大學城
青春路線一日

奧澀谷　下北澤　新宿
北歐咖啡名店　古著店挖寶　購物商圈

「奧澀谷」雖有澀谷2個字，但卻距離澀谷鬧區有點距離，反而跟學生商圈為主的下北澤僅2站電車距離外，街區風格與個性也更相近。位於代代木公園邊的奧澀谷不妨一早就來感受清新氣息，再一路逛到下北澤，最後以新宿的閃耀夜晚當Ending。

 早
09:30 代代木公園駅
09:40 Fuglen Tokyo
11:00 ミカン下北
　　　　PIZZERIA8

 午
13:30 reload
15:00 東洋百貨店
16:30 BONUS TRACK

 晚
　　　　新宿駅
18:00 新宿高島屋
20:30 YODOBASHI CAMERA
21:30 新宿駅

小孩才選擇 自然・清新・喧嘩風格 我通通都要！

Point!

奧澀谷、下北澤、新宿完全不同風格的街區，用電車2～4站輕鬆串聯，把交通轉運點的新宿擺在最後，這樣晚上回飯店才方便。

Start！

09:30 代代木公園駅 千代田線

步行 4分 從2號出口沿著代代木公園外邊的井之頭通即可。

早上可以來吃早餐配咖啡外，晚上戶外區會放上桌椅，可以喝小酒。

09:40

Fuglen Tokyo

停留時間 **1**小時

被紐約時報為文讚譽、搭飛機去喝都值得的咖啡館Fuglen，本店位在挪威，全球第一家分店就坐落在東京，目前東京已有5家分店，這家位在代代木公園邊的店，擁有悠閒的空間，也因位在住宅區，即使坐在戶外也相當舒適。

時間 7:00~凌晨1:00(週一、二至22:00) 價格 今日咖啡¥410，拿鐵¥580 網址 www.fuglen.com/

代代木公園駅旁就是代代木八幡駅，從這裡搭小田急線到下北澤。

¥140

電車 5分 代代木八幡駅 小田急線 下北澤駅 小田急線 在車站東口、步行2分。

11:00

ミカン下北

停留時間 **1**小時

位在京王井之頭線高架下的複合型商業型設施，以「ミカン」(未完)為名，象徵未來發展和變化無極限。全區共分為A到E區，進駐了20間店家，從知名古著店「東洋百貨」到連鎖書店「TSUTAYA」，結合當地文創產業、多樣異國料理餐飲。

時間 依各店舖而異

網址 mikanshimokita.jp/

步行 1分 在ミカン下北 A街區1F 103。

12:00

PIZZERIA8

停留時間 **1.5**小時

中目黑的超人氣義大利手桿窯烤披薩店也進駐這裡，餐點定價相當親民，中午套餐價位落在2,000日幣上下，含沙拉、飲料，主餐選擇從經典瑪格麗特、生火腿畢斯馬克披薩到自家手桿義大利麵等，用料很實在，份量也很足。

時間 11:00~24:00 價格 各式口味PIZZA套餐¥1,200起 網址 shimokitazawapizzeria8.owst.jp/

展現脫胎換骨的全新下北澤風貌！

從ミカン下北旁的小路
往北直走即達。

步行
5分

reload

13:30

伴隨小田急線鐵路地下
化，地上街區全新商業設施
「reload」誕生！24棟
外觀純白卻大小迥異的雙
層樓建築群，讓造訪者能
悠閒往返穿梭和停留，充
滿探索趣味，有京都老字
號「小川珈琲」、100年眼鏡
店「MASUNAGA1905」等
店鋪。

停留時間
1.5小時

時間 約10:00~20(各店營時不一)
網址 reload-shimokita.com/

步行
7分

往下北澤站方向走，在北口附近。

東洋百貨店

15:00

位在下北澤北口步行約5分
鐘，從入口的可愛電車頭塗
鴉已開始引人注目，這裡是下
北澤古著名店，店鋪裡集結超過20
間的雜貨小舖、個性商店和二手古
著，商品物美價廉，推薦古著迷可
前來尋寶。

停留時間
1.5小時

每家店用不同特色和主題
來詮釋「下北澤流」文化。

時間 12:00~20:00(依各店鋪而異)
網址 www.k-toyo.jp

在下北澤南口方向，沿著舊小田急線即達。

步行
8分

文青必訪新
聚落。

BONUS TRACK

16:30

小田急線鐵路地下化後，以下
北澤站為中心，北有reload，
南邊則有「BONUS TRACK」，地面全新五棟低
層建築為住商兼用住宅，商店街兼公園的環境，
宛如一充滿文青氣息
的新聚落，目前有超過
10間特色店家進駐。

停留時間
1小時

時間 約11:00~20:00依
各店鋪而異
網址 bonus-track.net

步行
5分

¥170

電車
12分

世田谷
代田駅
小田急線

新宿駅
小田急線

車站南改札口出口有通道與高島屋直結。

新宿高島屋

18:00

停留時間
2.5小時

高島屋百貨是雄踞新宿南口的百貨霸主，賣場號稱全日本最大，自開幕以來就成為去新宿購物的必逛之地。除了賣場，12~14樓整整三層的美食街也是新宿最有人氣的用餐地點之一，晚餐就在這裡享用。

時間 商店10:30~19:30、餐飲11:00~23:00

網址 www.takashimaya.co.jp/shinjuku

壯闊的百貨大樓規模，不論想買什麼通通都有。

隔著新宿站，在對面的西口，可以由新宿車站東西地下通道走過去。

步行
5分

YODOBASHI CAMERA
新宿西口本店

20:30

停留時間
1小時

YODOBASHI以相機起家，隨著時代演進成為超大型的電器連鎖賣場，新宿西口本店的規模相當大，擁有多棟專門館，舉凡多媒體館、相機總合館、AV總合館、通信館、鐘錶館、家電館等，一應具全。

時間 9:30~22:00

網址 www.yodobashi.com

步行
2分

一旁即為車站。

21:30

新宿駅
JR山手線

東京廣域

Goal !

吉祥寺周邊
個性雜貨生活路線

吉祥寺　高圓寺　西荻窪　生活雜貨屋
藝術小店　閒適風格

沿著JR中央·總武線往市郊延伸，吉祥寺、高圓寺、西荻窪等小站，比起首都圈的喧鬧風貌，多了種閒散自適的居住氣息。新舊交集、創意藝術與老派共存、質感雜貨與嬉皮浪人藝術共同構築街區風景，有充滿活力的生活氣氛、也有樸實安靜的景色。

早
09:30 高円寺駅
09:40 氣象神社
10:10 純情商店街
　　　　西荻窪駅
11:00 松庵文庫

午
　　　　吉祥寺駅
13:30 口琴橫丁
14:10 百年書屋
　　　　にじ画廊
15:20 MARGARET HOWELL SHOP &
　　　　CAFE KICHIJOJI

晚
16:30 空想街雜貨店
17:10 Cave
18:00 いせや 公園店
20:00 吉祥駅

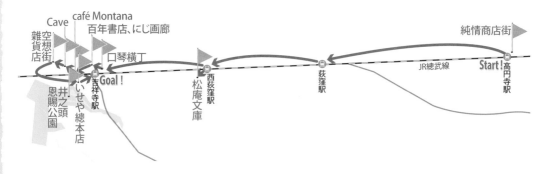

中央・總武線沿線
高円寺・西荻窪・吉祥寺一次囊括

Start !

Point!

中央・總武線橫貫東京都中心，最多人利用這條路線前往吉祥寺、三鷹，且僅離都中心10多分鐘，氣氛卻大不同，享受購物、景點、美食也一樣精采。

09:30 ¥170
🚌 高円寺駅 JR中央・總武線
🚃 電車 7分

從新宿出發，下車後往南口方向徒步2分。

09:40

氣象神社

冰川神社入口旁的末社氣象神社，以日本唯一一座針對天氣的神社而得名，不少報考氣象士國考的考生會來這裡祈求考試順利。神社雖不大，卻相當人氣，主要是電影《天氣之子》也在這裡取景呢。

停留時間 20分

🕐 **時間** 清晨~17:00
💰 **價格** 自由參拜
🌐 **網址** koenji-hikawa.com/kisho_jinja/

電影《天氣之子》取景聖地，超有趣的祈求好天氣神社！

步行 2分

在車站的北口。

純情商店街

停留時間 40分

雖然名字有些萌系味道，但商店街名字的由來，是因為1989年直木賞受賞的文學作品「高圓寺純情商店街」。作家 寝正一以童年居住的高圓寺銀座商店街為藍本，寫出充滿人情味的溫暖小品，銀座商店街也隨著作品成名而更名。

🕐 **時間** 約10:00~17:00(各店營時不一)
🌐 **網址** www.kouenji.or.jp

10:10 ¥170
🚃 電車 7分 高円寺駅 JR中央・總武線 西荻窪駅 JR中央・總武線

步行 8分

往車站南口方向。

復古桌椅 與書櫃穿插，書架陳列包括生活、飲食、手作、旅遊等生活選書。

11:00

松庵文庫

以「文庫」為名，原因是文庫本書籍代表著知識，在這裡人與書、人與人互動，學知識，也學如何讓生活更貼近理想。店內從書香咖啡拓展到雜貨，角落空間販賣創作好物，餐點也因為和小農接觸的緣故，使用大量鮮蔬烹調，以實際行動表態支持。

停留時間 1.5小時

🕐 **時間** 週四、日9:00~18:00，週五、六9:00~22:00
🚫 **休日** 週一、二，週三準備日　🌐 **網址** shouanbunko.com　⚠️ **注意** 小學3年級以下孩童無法入店

西荻窪散策

在西荻窪駅南口出站後，可以看到由彫刻大師籔 佐斗司所製作的「花の童子」，站在大象上的童子像神情十分逗趣，在西荻窪共有6座，許多人會邊玩邊找這六座銅像，並藉由尋找六童子重新認識西荻窪。

東京廣域

西荻窪駅
JR中央.總武線

吉祥寺駅
JR中央.總武線

電車
2分

¥150

步行
2分

就在車站北口正前方。

有各式街頭小吃，可以
買幾樣嚐嚐看。

13:30

口琴橫丁

入口位在平和通上的口琴橫丁是充滿古早味的商店街，店家成排聚集，就像口琴一格一格的細密吹口而得名。如果剛剛午餐早已消化完畢，這裡還有不少秘密美食推薦，一定要來走一遭！

停留時間 30分

（時間）10:00~19:00(各店營時不一)

（休日）各店休日不一

口琴橫丁旁的昭和通直走即達。

步行
4分

にじ画廊店內隨流行趨勢
與各類型的創作者合作。

14:10

百年書屋&にじ画廊

這兩家緊鄰一起的店鋪，就一起逛一逛吧。自稱「古本屋（舊書店）」的百年書屋，所販售的書種新、舊皆有，是一家特色獨立書店。にじ画廊是複合式的藝廊，2樓是藝廊，1樓則是商品販售區，走森林系風格，店內有許多充滿動物、北歐元素的手作雜貨或書籍。

停留時間 1小時

沿昭和通繼續直走，
在西五條通左轉就會看到。

步行
7分

（時間）12:00~20:00 （休日）書店週二。畫廊週三

（網址）www.100hyakunen.com；www.nijigaro.com

15:20

MARGARET HOWELL SHOP & CAFE KICHIJOJI

走簡約洗鍊風的知名英國設計師品牌店鋪，在吉祥寺店共有兩層樓，1樓為咖啡店，從餐點到飲品，充滿濃濃英倫風情，2樓則為服飾店，男裝、女裝、配件家具應有盡有，是一間充滿溫暖而舒適的好物店。

停留時間 1小時

（時間）11:00~19:00(L.O. 18:00) （休日）不定休

（網址）www.margarethowell.jp/articles/news/cafe/

與MARGARET同在中道通上、往車站方向走。

步行 2分

16:30 空想街雜貨店

一起走進手繪創作的可愛世界吧！

停留時間
40分

由西村姐妹所開的店，希望能「為所有大人打造一個魔幻的雜貨世界」，因此不論是店內以木質為主的裝潢擺飾，偏黃的暖燈光還是陳列在架上的所有創作商品，都讓人有走進兩姐妹所打造的空想世界的錯覺，倍感療癒。

時間 12:00~19:00
休日 週二(12~1月無休)
網址 www.kuusoogai.com

同在中道通上、繼續往車站方向走。

步行 1分

17:10 Cave

蛙蛙大集合！青蛙小物應有盡有！

停留時間
30分

中道通商店街上的青蛙百貨專賣店，從雨靴、提袋、鬧鐘，到掛飾、茶碗，每件生活雜貨都有青蛙的蹤跡，放一件可愛的青蛙雜貨在家裡，相信能讓人保持心情愉快吧！

時間 11:30~19:00
休日 週四(遇假日無休)
網址 www.cave-frog.com

步行 11分

往車站南口方向，就在井之頭公園外面。

18:00 いせや 公園店

停留時間
1.5小時

吉祥寺名物——燒烤的知名店舖，在吉祥寺開店已經超過96年，料理美味，店裡氣氛也隨性，便宜的價格更是吸引力之一。像是炭火烤雞肉一串¥100，其他下酒小菜也一樣以便宜的價格提供，配上溫熱燒酎或是暢快啤酒，就是充滿日式居酒屋風情的愉快味覺體驗。

店鋪前方道路直走即為車站。
以JR中央・總武線串聯新宿駅約16分、¥230。

步行 5分

20:00

🚃 **吉祥駅**
JR中央・總武線

時間 12:00~22:00 (L.O.21:00) **價格** 週一，12/31~1/3 **休日** 燒き鳥(烤雞串)一串¥100
網址 www.kichijoji-iseya.jp

Goal！

鬼太郎與宮崎駿動畫
一日朝聖行

鬼太郎　宮崎駿　吉卜力　井之頭公園
吉祥寺　三鷹　調布

早
10:00 調布駅
10:10 天神通商店街
11:00 深大寺
12:00 湧水

午
三鷹
14:00 三鷹吉卜力美術館
16:30 井之頭公園
17:00 Café du lièvre うさぎ館

晚
吉祥寺
18:40 元祖仲屋むげん堂 弐番組
19:30 Kirarina京王吉祥寺
20:30 吉祥寺駅

對喜歡東京的五光十色，明快節奏的人來說，調布與三鷹、吉祥寺也許算是十足的鄉下地方。但是其豐富的人文歷史，放鬆的步調同時也是吸引許多生活在東京的都會人士來此觀光的主因。而且這裡也是尋找鬼太郎、吉卜力人物聖地。

JR中央總武線　三鷹駅

Kirarina京王吉祥寺

吉祥寺駅 Goal！

三鷹之森
吉卜力美術館

元祖仲屋むげん堂 弐番組

Café du lièvre うさぎ館

京王井之頭線

西武多磨川線

湧水　深大寺

天神通商店街

京王線

調布駅
Start！

經典動畫人物躍出畫面
大人小孩全被收服

Point! 從新宿搭京王線出門至調布後,再用公車串聯調布與三鷹最方便!三鷹跟吉祥寺間,用散步就能串連。

Start!

10:00 🚃 調布駅 京王線

從新宿駅出發過來的話,大約20分、¥280。
天神通商店街就位在車站正前方,步行約3分。

商店街上偶有出現鬼太郎和同伴們的雕像!也有鬼太郎茶屋。

10:10

天神通商店街

天神通商店街就位在布多天神社表參道上,原本是因前往神社參拜的必經途徑而聚集商家,觀光性質不大,但兩旁偶有鬼太郎與同伴的雕像,像是貓女、鼠男等,還是偶爾會見到觀光客來這裡散步拍照。

停留時間 30分

時間 依各店鋪而異 **網址** tenjindo-ri.jp/

🚌 調布駅 巴士   🚌 深大寺站 巴士   **¥240** 巴士 13分

搭乘經過深大寺的巴士都可以,下車後一旁就是參道。

ゲゲゲの鬼太郎

因電視戲劇與知名漫畫水木茂定居在此處的光環加持,使得調布聲名大噪,除了鳥取縣的境港之外,這裡成為鬼太郎的第二故鄉,劇中就是以這裡作為故事背景,在天神通商店街裡可以找得到可愛的妖怪商品與造景。

深大寺

停留時間 1小時

11:00 深大寺於天平5年(733)時創建,是東京地區僅次於淺草寺的第二古剎。因後來遭遇火災,所以現在看到的本堂是大正年間再造之建物。來到深大寺三大必看點便是深沙堂、青渭神社、深大寺水車館等,別錯過。

時間、**價格** 自由參拜
網址 www.jindaiji.or.jp

步行 3分 回到公車站前的路、轉右手邊直走即可。

深大寺至今已有超過1,300年的歷史。

12:00

湧水

停留時間 1小時

深大寺有著豐饒的大自然景色及甘美的水源,因而發展出名產「深大寺蕎麥麵」!湧水的蕎麥麵堅持使用國產蕎麥,且用石臼研磨成細粉,再用深大寺的泉水手工揉製,吃在嘴中滑溜、咬勁十足。

時間 10:30~18:00 **休日** 週四,不定休
價格 招牌蕎麥麵¥800 **網址** www.yusui.co.jp

東京廣域

		¥240
深大寺站 小田急巴士	明星學園 入口站 小田急巴士	巴士 **25**分

步行
2分

路上有可愛的
龍貓指標。

在這裡可以看到從電影
的故事構想、作畫、上
色、編輯到完成的過程。

「天空之城」中平和又安詳
世界裡的巨大古代機器人，
就矗立在美術館屋頂上。

三鷹之森 吉卜力美術館

吉卜力美術館是由動畫大師
宮崎駿所策劃，館內以各動
畫角色來解釋動畫的創作原理，亦
收集展示吉卜力工作室作品。來
到空中花園，「天空之城」的機
器人就從動畫世界現身，矗立在
屋頂。另外千萬不可錯過在可容納
80人的小戲院裡，觀賞吉卜力工作室原
創的短篇動畫！

停留時間
2小時

三鷹の森
ジブリ美術館
GHIBLI MUSEUM, MITAKA
300m→

時間 10:00~18:00，入場預約制，一天共
有7個時段10:00、11:00、12:00、13:00、14:00、
15:00、16:00，需在指定時間開始的1小時內入館，
離館時間自由 休日 週二，換展期間，年末年始
價格 成人¥1,000，國、高中生¥700，小學生
¥400，4歲以上幼兒¥100
網址 www.ghibli-museum.jp

步行
10分

順著吉祥寺通朝吉祥寺方向走，
過了萬助橋即進入公園境內。

井之頭恩賜公園

原是皇家公園的井之頭恩賜
公園，以中央的湖池為核心，
周邊植滿約兩萬多棵的樹木，隨著四季更迭
而呈現出不同的美景。喜歡湊湊熱鬧，不妨嘗試
租一艘遊湖腳踏船，學日本人在櫻花垂落的岸邊
湖面上賞花，近看悠游湖中的肥美鯉魚。

停留時間
30分

時間 自由入園 價格 天鵝船每30分鐘¥800，手
搖船每30分鐘¥500 網址 www.kensetsu.metro.
tokyo.lg.jp/jimusho/seibuk/inokashira/

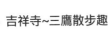

Tips

吉祥寺~三鷹散步趣

去吉卜力美術館雖然從三鷹駅
有接駁車，但美術館其實就在
井之頭恩賜公園的一角，從吉祥
寺駅公園口出站，沿著吉祥寺通穿過公
園，跨越玉川上水後，美術館就位在公園
西園旁。參觀完後，徒步經過公園，也可
以再回到吉祥寺晃晃。

鄰近公園中湖畔弁財天這邊、井之頭公園通與
公園接壤處，距湖畔約步行3分。

17:00

Café du lièvre うさぎ館

藏身於井之頭公園中的法式
煎餅為主餐廳，靜靜佇立在
被樹林中的粉藍色屋頂，結合法式風格的淡
色傢具與舊木裝潢，室內悠閒的用餐氛圍相當受
到喜歡，除了各式甜鹹口味也有咖哩飯、各式甜
點等，是個享受美食、公
園舒適景致的好地方。

停留時間 1.5小時

步行 10分

順著公園跨過湖中的七井橋後，
繼續直走七井橋通即達。

(時間) 10:30~19:30(依
季節調整)

(休日) 年末年始

(網址) www.instagram.com/usagi_kan/

經過七井橋可以拍
攝美麗湖景。

18:40

元祖仲屋むげん堂 弐番組

從尼泊爾、印度等地輸入的
衣料雜貨元祖仲屋むげ
ん堂，由許多商品堆起
來的店內看來稍微雜亂，
但隨意的擺法反而讓人覺
得好親近。琳瑯滿目的雜貨，從衣服、圍巾、小飾
品到家具擺飾等，讓人逛得捨不得離開。

停留時間 40分

喜歡民族風格或是
東南亞風格的人，一
定要來挖寶！

(時間) 11:30~19:45 (網址) www.facebook.com/
gansonakayamugendo

步行 5分

順著七井橋通直走就會抵達車站。

19:30

Kirarina京王吉祥寺

屬京王電鐵旗下的「Kirarina」，
於2015年在吉祥寺駅站體的
大樓上開幕，以時尚流行為中心，提供服飾、
美妝、雜貨新選擇。全棟共有近百間店舖入駐，
其中高達7成皆為初次在吉祥寺展店的品牌，
包括Cosme Kitchen、F organics等。

停留時間 1小時

步行 1分

與車站直結。

吉祥寺駅
JR中央．總武線

20:30

(時間) 110:00~21:00

(網址) www.kirarinakeio.kichijoji.jp

Goal！

東京郊山健行溫泉&
朝聖一日遊

高尾山　天狗　猴園　纜車
精進料理　美術館　溫泉泡湯

高尾山位於東京八王子市內,標高599公尺,被喻為神聖宗教之境,離都心只要一個小時的車程,而位在山腰的藥王院是高尾山的精神象徵,不只楓紅迷人,美麗四季景色外也能泡湯,成為東京近郊最受歡迎的一日遊觀光名所。

早

09:00 新宿駅→高尾山口駅
09:10 TAKAO 599 Museum
10:30 高尾山猴園／野草園

午

11:50 高尾山薬王院
12:30 大本坊 精進料理
14:30 Trick Art Museum
16:00 極樂湯

晚

17:30 うかい鳥山
20:00 高尾山口駅
21:00 新宿駅前

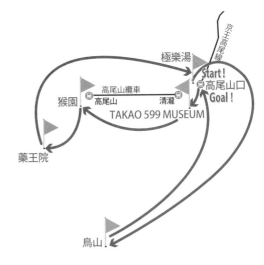

高尾山日歸 宗教溫泉美食療癒之旅

Start!

Point!

搭乘京王電鐵十分方便，使用京王電鐵的「高尾山折扣乘車券」從新宿出發¥1450，包含來回程車票與上下山的纜車來回票，等於車資直接打8折！

08:00

新宿駅
京王線

高尾山口駅
京王線

55分，使用高尾山折扣乘車券
京王新宿站3號月台搭乘開往高尾山口的準特急列車。

購買來回票券分為4張，每張都在不同時候使用。

步行 5分　出站後往20號道路直行即達。

09:10

TAKAO 599 Museum

停留時間 1小時

高尾山標高599公尺並不算高，卻具有深厚人文與豐富的動植物生態。極簡空間中展示高尾山上的棲息生物，最有趣的是NATURE WALL上以山毛櫸為中心，在四周綴上森林動物標本，定時的光雕投影秀帶出高尾山的四季之美。

時間　4~11月8:00~17:00，12~3月8:00~16:00
價格　免費參觀
網址　www.takao599museum.jp

搭乘高尾山纜車或是吊椅，不用爬山好輕鬆～

纜車15分，使用高尾山折扣乘車券搭乘高尾山纜車，在登山纜車口步行至藥王院的途中即達。

10:30

高尾山猴園／野草園

停留時間 1小時

園內分為兩區，一區是高尾山上生長的300多種各式植物，四季折衷風景宜人，另一區則是大人小孩都喜歡的猴園。半開放式的猴園讓人更能夠親近猴子們，飼育人員在猴園內與猴子們的互動逗得遊客哈哈大笑。

時間　3~4月10:00~16:30，5~11月9:30~16:30，12~2月9:30~16:00
價格　¥500，兒童¥250
網址　takao-monkey-park.jp

東京廣域

沿著登山道步行。
沿路雖是上坡但茶屋不少，
累了就停下來休息。

步行
15分

藥王院與成田山新勝寺、
川崎大師平間寺並稱為真
言宗智山派三大本山。

11:50

高尾山藥王院

停留時間
40分

高尾山自古便是修驗道的靈山聖地，本尊飯繩大權現是不動明王的化身，藉由兇惡的表相來勸導世人向善；人們亦將對自然的崇敬化為天狗意象，寺前兩尊天狗更成為這裡的象徵，同時也是不動明王的隨從，傳說更具有開運除厄的能力。

時間、**價格** 自由參拜
網址 www.takaosan.or.jp

穿過藥王院即達。

步行
1分

12:30

大本坊 精進料理

停留時間
1.5小時

藥王院境內「大本坊」只提供午餐時段的精進料理，可以品嚐到只以當地季節山蔬烹調的美味素食料理。尤其在風景宜人的這裡享用，更是享受。

電話 042-661-1115
價格 天狗膳￥3,300，高尾膳￥4,400
網址 www.takaosan.or.jp
備註 需事先電話預約(12月上旬~2月上旬不接受個人預約)

纜車15分，使用高尾山折扣乘車券。
走回纜車站坐纜車下山即達。

大人小孩能一起同樂，還能拍下
有趣又搞笑的紀念照片！

14:30

Trick Art Museum

停留時間
1.5小時

明明是一幅畫，但因為角度、陰影的關係，讓畫中人像是立體實物走出畫框般不可思議，這正是Trick Art的魅力所在。高尾山Trick Art Museum於1996年開幕至今，吸引不少人前來參觀，館中分為兩層樓，樓下以迷宮方式讓人在Trick Art的世界中穿梭。

時間 4~11月10:00~18:00，12~3月10:00~18:00
休日 週四 **價格** ￥1,400，國高中生￥1,060、小學生￥760、4歲以上￥550 **網址** www.trickart.jp

位在高尾山口車站後面。

步行
1分

16:00

極樂湯

在高尾山走了一天，下山後泡
個溫泉多舒服！由地下1000
公尺湧出的溫泉呈現淡白色，又有美肌之湯
的稱號，玩完高尾山，不妨先預留一個小時，來到
這裡洗浴一身疲勞，再繼續下一趟旅程。

停留時間
1小時

(時間) 8:00~22:30
(價格) 國中生以上¥1,100、4歲~小學生¥550
(網址) www.takaosan-onsen.jp

於高尾山口站前搭乘接駁巴士，
10:00~19:00每20、40分發車

免費
巴士
10分

17:30

うかい鳥山

原本鳥山專賣雞肉料理，因
顧客希望也能品嚐牛肉的美
味，而在雞肉套餐中加入牛排，讓人能一次品
嚐兩種美味。其中，套餐前菜的核桃豆腐經過燒
烤而形成外硬內柔嫩的奇妙口感，嚐來新鮮有
趣；肉類則以「囲炉
裏」的炭火烤得表
皮香脆、肉嫩多汁，
不但吃得出食材的
新鮮，更能嚐到料
理手法的純熟。

停留時間
2小時

(時間) 11:30~14:30,17:00~21:30、週末例假日
11:00~21:00 (休日) 週二、年末年始、冬期休業
免費 (網址) www.takaosan.or.jp

巴士
10分

搭乘回到高尾山口站的接駁車。

20:00

**高尾
山口駅**
京王線

57分，使用高尾山折扣乘車券
搭乘京王高尾線快速列車至「北野」
換乘往新宿的列車。

21:00

Goal！

世田谷線沿線下車慢旅

🏷 復古電車　下車之旅　路面電車　鐵道迷必訪　招財貓寺

與都電荒川線一樣，是東京唯二殘存的路面電車，車速緩慢，每一站間距不超過1公里；沿線小店、咖啡廳齊聚，尤其在松陰神社前至世田谷駅一帶，因為比較少觀光客造訪，讓人有種遠離東京喧囂的靜謐感；也因站距不大，透過緩慢的車窗流動，東京最真實的生活風景才能躍然眼前。

早
09:30 三軒茶屋駅
09:40 Café Mame-Hico
11:00 Carrot Tower展望台
12:00 来来来

午
13:20 松陰神社
14:10 1mm market
14:40 松崎煎餅

晚
16:00 豪德寺
　　　　 新宿駅
18:30 思い出横丁
20:00 新宿駅

京王線　SG10　下高井戸
　　　　SG09
小田急線　松原
　　　　SG08　山下
宮之坂　SG07
上町　SG06
世田谷　SG05
松陰神社前　SG04
若林　SG03
西太子堂　SG02
田園都市線
三軒茶屋　SG01 DT03

思い出横丁
新宿駅 Goal！

京王線
下高井戸駅

豪德寺
宮の坂駅
1mm market
松陰神社
世田谷線
松崎煎餅
松陰神社前駅
三軒茶屋駅 Start！

Café Mame-Hico
Carrot Tower展望台
東急田園都市線

搭上復古電車沿途下車悠緩之旅

Start！

Point!

今日以世田谷線為主要交通，買一日券「世田谷線散策きっぷ」就對了，大人¥380、小孩¥190(單程均一價大人¥160、小孩¥80)。

可喝到札幌自家焙煎咖啡名店「菊地咖啡」的咖啡豆。

09:30

¥180

🚃 電車 **9**分　從澀谷駅搭車過來，從這裡開始世田谷線之旅吧。

步行 **3**分　在車站北側C出口方向。

世田谷線鐵路就在底下，從展望台觀看列車進出站也十分有趣。

三軒茶屋駅

09:40

Café Mame-Hico 三軒茶屋店

停留時間 **1**小時

以貓咪圖樣為LOGO 設計，採用來自北國的知名咖啡豆香而不酸，早餐就來這兒喝杯美味咖啡與人氣麵包吧；與咖啡館連接一起的「Mame-Hico Covivu」是後期開設的咖啡館，咖啡香氣依舊外還可品嚐人氣麵包「円パン」的滋味。

時間 9:00~14:00、15:00~20:00
網址 mamehico.com

步行 **2**分　就在咖啡館對面的大樓頂樓。

三軒茶屋駅

11:00

Carrot Tower展望台

停留時間 **40**分

Carrot Tower樓頂的展望室，是東京難得的免費展望台。

北東側可遠望東京都心，這裡設置了咖啡廳，可以選個靠窗的位置坐下來好好欣賞景色；而西南邊則靠向低矮的住宅區，天氣好且能見度高時，還有機會看到富士山呢！

時間 9:30~23:00，餐廳11:00~22:00(L.O.21:00)，Café10:00~22:00(L.O.21:00)　**休日** 每月第二個週三，12/31~1/1　**價格** 免費參觀

步行 **5**分　從大樓旁的世田谷通直行即可。

Tips

搭乘世田谷線在最前門、最後門上車付錢，到站按鈴，兩車廂中間的門下車。大部分車站都是無人站，一日乘車券可以在車上或是少部分站內窗口直接購買。另外SUICA和PASMO也都能使用。

什錦麵湯汁勾芡淋在麵上的皿うどんど，吃得超級滿足！

三軒茶屋駅

12:00

来来来

停留時間 **1**小時

小小的店面毫不起眼，来来来以知名的好口味征服東京饕客的味蕾，也是許多知名藝人常造訪的隱之家。這裡最有名的便是長崎什錦麵，一碗滿滿的料，重鹹的湯頭鮮香回甘，一吃上癮！

時間 11:30~15:00、17:00~21:30　**休日** 週三，每月第三個週二　**價格** ちゃんぽ(長崎什錦麵)¥1,100

步行 **4**分　往回走，世田谷線的車站在Carrot Tower這棟喔。

三軒
茶屋駅
世田谷線

松陰
神社前駅
世田谷線

一日券
電車
5分

步行
3分

下車後北口正前方直行。

許多學子會來松陰神社
購買勝利御守、祈求考
試合格。

松陰神社前駅

13:20 松陰神社

停留時間
40分

松陰神社祭祀的是吉田松陰，原址為長洲藩的別邸，明治15年(1882年)時世人感念松陰先生的偉大，建造這間神社，松陰先生也成為當地人日常的守護神。因為松陰先生飽讀詩書，這裡也成為著名的學問之神社。

時間 7:00~17:00 價格 自由參拜；勝守¥1,000
網址 www.shoinjinja.org

步行
5分

往車站方向走，在車站前斜前方路上。

松陰神社前駅

1mm market

停留時間
30分

14:10 位在住宅區裡的小小文具雜貨舖，精選來自北歐、東歐以及日本的優質文具、玩具。特地選在這裡開店便是店主喜歡這裡悠閒的生活感，每年店主人會赴歐遊走，將看到的美好事物帶回日本，也帶回新的生活提案。

時間 11:00~17:00(週二、三至16:00)，週六12:00~17:00

休日 週日、例假日 網址 ichi-mm.com

跨過松陰神社前駅，
在車站南口正對面前的路上。

步行
3分

松陰神社前駅

**松崎煎餅
松陰神社前店**

停留時間
1小時

14:40 已超過200年歷史、本店在銀座的煎餅老舖「松崎煎餅」，在松陰神社站前開設一間全新型態的複合式餐廳，店內除了販售煎餅，另闢一處用餐空間提供餐點及冰品，也另有甜點、飲料的選擇。

時間 11:30~19:00(L.O.18:30)
網址 matsuzaki-senbei.com/

除了甜點喫茶，這裡也提供
取自有機食材的午餐套餐。

豪德寺找招財貓

入口獅子香爐。

三重塔裡也藏有貓咪木雕。

招財貓繪馬也很特別。　招財貓御守必買。

往回走即為車站入口。

一日券

電車 **4分**　松陰神社前駅 世田谷線　宮の坂駅 世田谷線

步行 **4分**

一下車旁邊就是豪德寺的圍牆了。
宮の坂駅

16:00 豪德寺

停留時間 1.5小時

傳聞豪德寺就是招財貓傳說的發祥地。當時井伊直孝看見對他招手的貓，進來到豪德寺因而避開身後的劈雷，也因為這個傳說，現在境內可以看到祭祀招貓觀音的招貓殿外，在招貓殿一旁供奉上千尊招財貓，更是奇觀。

時間 6:00~17:00
價格 自由參拜
網址 gotokuji.jp/

寺內到處都有滿滿的招財貓！

一日券

電車 **2分**　宮の坂駅 世田谷線　下高井戶駅 世田谷線

¥190

電車 **11分**　下高井戶駅 京王線　新宿駅 京王線

步行 **6分**

下車後往西口方向走，
思い出横丁緊鄰鐵道邊。

品嚐東京的庶民美味就在這裡！

18:30 思い出横丁

停留時間 1.5小時

每當夜幕低垂，美食小巷思い出横丁裡點起亮光的紅燈籠伴著燒烤煙氣，附著正要展開的夜竄入鼻腔，味蕾記憶中的好味道也驅使著旅人的腳步。小巷弄兩側全是居食店，有燒烤、黑輪、烏龍麵、拉麵等店舖，散發暖廉店般氣息。

步行 **4分**

20:00

新宿駅 JR山手線

時間 依各店舖而異，大多營業至深夜
網址 www.shinjuku-omoide.com

Goal！

東京廣域

自由之丘、二子玉川
優雅一日

自由之丘　　二子玉川　　甜點名店
質感雜貨　　多摩川

郊區的自由之丘，完全感受不到東京市區的壓迫與繁忙，只有溫柔灑下的金黃色陽光，跟閒適愉快的氣息。有各式強調生活風格、溫馨可愛的雜貨店之外，知名的甜點店，也都來此插旗。而位在自由之丘東邊的二子玉川，緊鄰多摩川，優雅氣質縈繞，更是幾年新興的熱門購物區域。

09:30 二子玉川駅
09:40 多摩川沿岸‧二子玉川公園
11:00 二子玉川rise S‧C
12:30 naturam

　　　　自由之丘
14:30 katakana
15:00 MONT-BLANC
16:00 Luz自由が丘

17:00 TODAY'S SPECIAL Jiyugaoka
17:40 IDÉE SHOP Jiyugaoka
18:30 usubane
20:00 自由之丘駅

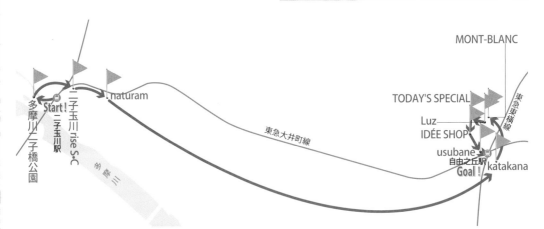

氣質貴婦優雅風格
都中心郊區的必敗路線

Point!

自由之丘、二子玉川這兩處宛如氣質貴婦的區域，用東急大井町線就能便利的串聯，而且相距不到10分鐘車程。

Start！

09:30

🚃 二子玉川駅
東急田園都市線

¥230

電車 19分

從澀谷駅搭電車過來下車即達。

多摩川沿岸·二子玉川公園

09:40

| 停留時間 |
| 1小時 |

早上的多摩川畔舒適宜人，先來這裡報到吧！位於多摩川旁的二子玉川公園是一個新興的都市公園，綠水在側，在都市裡能享受如此遼闊的天空實屬不易，有著豁然開朗的視線，一幅幅撫慰人心的風景躍至眼前、令人心曠神怡。

二子玉川公園的星巴克，是河岸的人氣地點。

從公園內的星巴克穿過車站對面即達。

步行 4分

二子玉川rise S·C

| 停留時間 |
| 1.5小時 |

11:00

2015年初全面開業的二子玉川rise，引進多項精選品牌，佔地廣大的購物中心可分為四大館，不只購物品牌充實，更集結來自日本各地的知名餐廳。是近年討論度極高的超大型購物中心。

時間 購物10:00~20:00，餐廳11:00~23:00，東急ストア(東急商店)10:00~24:00

步行 7分

從購物中心前的二子玉川公園通直行即達。

naturam

12:30

| 停留時間 |
| 1.5小時 |

在二子玉川早已小有名氣的MARKT restaurant & cafe，於2018年改名naturam重新開幕，請來年輕的法式料理主廚，打造一間平易近人的暖心餐廳。使用來自日本各地農家的有機與減農藥蔬果讓人能吃得安心，在素淨餐盤上創造絕美的自然風景，強調與時俱進的動人美味。

時間 11:30~15:00(L.O.13:30)、18:00~22:00(L.O.20:00) **休日** 週二、三
價格 午餐¥2,800起
網址 naturam.tokyo.jp

許多東京人也會特地從市中心驅車前來。

主廚將法式料理的精髓融入創意，並以當季新鮮食材呈現美味。

東京廣域

二子
玉川駅
東急大井町線

自由
之丘駅
東急大井町線

¥220
電車
8分

步行
3分

在自由之丘駅東口方向。

14:30

katakana

katakana(日文的片假名之意)
融合日本傳統及外國文化的
「片假名」為其店名,店內架上擺滿日本各地
的日常雜貨、食器、文具與生活小物,落花生星
人、木芥子、富士山造型生活用品,結合日本特色
或傳統小物齊聚一堂。

停留時間
30分

時間 11:00~19:00 休日 週二

網址 katakana-net.com

步行
7分

穿過自由之丘駅往北方向走。

15:00

MONT-BLANC

開業於1933年,結合日本口
味與西洋作法的栗子蛋糕
蒙布朗 ,便是發源於此,來店裡當然必吃這
項招牌甜品。海綿蛋糕包入產自愛媛縣的栗子,
加入鮮奶油,並以黃色栗子泥奶油勾鏤出細緻線
條,完美呈現蒙布朗的經典美味。

停留時間
1小時

時間 10:00~18:00 休日 週二,不定休

網址 mont-blanc.jp

承襲70年前的做法製作出來
的蛋糕,甜蜜之中還帶有淡
淡的懷舊滋味。

步行
2分

位在同一條街上的斜前方。

16:00

Luz自由が丘

綜合商場Luz有著明亮俐落
的玻璃外觀,裡頭精選約20
間符合自由之丘個性的餐廳、服飾和雜貨
店,其中生活雜貨則有來自以色列的保養品牌
SABON、人氣麵包土司店,還有兒童服飾和雜貨
的MARKEY'S等,可以慢逛挑選。

停留時間
1小時

時間 約11:00 ~20:00,依各店舖而異

網址 www.luz-jiyugaoka.com

在Luz隔壁條街的學園通上。

商品大部分是歐洲進口家具和
雜貨，也有日本設計精品。

步行
2分

17:00

TODAY'S SPECIALJiyugaoka

停留時間
40分

從知名品牌CIBONE中誕生的
TODAY'S SPECIAL，
是一家現代風格的生活
精品店，共有兩層樓，
1樓主要是廚房餐具用
品和時髦的文具、服飾
等；2樓以極簡風格家具、CD、視覺設
計類書籍為主。

步行
1分

與TODAY'S SPECIAL同一條街道上。

時間 11:00~20:00　休日 不定休
網址 www.todaysspecial.jp

17:40

IDÉE SHOP Jiyugaoka

停留時間
40分

IDÉE SHOP旗艦店將商品融
入並發揮於室內空間中；可分
為1樓販售日常雜貨、手工藝品，2樓為家具空
間展區，感受不同的居住形式，3樓提供一對一諮
詢居家空間提案的服務，4樓為展覽區展示國內
外藝術家的作品及相關書籍。

時間 11:30~20:00　網址 www.idee.co.jp

步行
4分

沿學園通往車站方向走，
餐廳就在車站前不遠處。

18:30

usubane

停留時間
1.5小時

自由之丘的「usubane」開業
於2017年，其傳承在地老舖
「ジジセラーノ」的歐風咖哩，店內以咖哩套
餐為主分有焗烤、豬肉、雞肉、可樂餅、野菜咖哩
等，套餐皆有附一道沙拉前菜。

時間 11:30~23:00(咖哩L.O.21:00)　休日 週四
價格 咖哩套餐¥1,250起
網址 www.instagram.com/usubane_
jiyugaoka/

前方即為車站。
若從自由之丘搭東急東橫線到澀谷，
則約11分、¥180

步行
1分

自由
之丘駅
東急東橫線

20:00

咖哩美味依舊而在盤
飾加入現代美感。

Goal！

代官山、中目黑優雅氣質之風路線

中目黑星巴克旗艦　惠比壽花園廣場
代官山蔦屋書店　目黑川櫻花

代官山、中目黑、惠比壽，彼此以金三角之姿、各距離一站的鄰近位置，形成一處優雅氣質的街區外，也很適合安排一起，成為一日旅程。代官山以往有許多外國大使館，使得這裡的氣氛優雅又帶著歐風；中目黑則是質感雜貨、設計家具聖地；惠比壽花園廣場浪漫風貌，成為情人約會最愛。

早
09:30 代官山駅
09:30 ForestGate Daikanyama
10:00 IVY PLACE
11:00 代官山 蔦屋書店 / 代官山T-SITE

午
中目黑
13:30 星巴克臻選®烘焙工坊
15:00 TRAVELER'S FACTORY
16:00 1LDK apartments .

晚
17:00 Vase
惠比壽
18:00 惠比壽駄菓子Bar
19:30 惠比壽花園廣場
21:00 惠比壽駅

優雅咖啡書店、設計家具
質感生活尋味路線

Point!

來到中目黑、代官山及惠比壽，由於街區可逛區域相當分散，走路雖然也可行，但如果時間、天候或體力不允許，這一帶的公車很多都能銜接這三區，省力又輕鬆。

Start !

09:30 代官山駅
東急東橫線

步行 **1分**

車站北口即達。

ForestGate Daikanyama

09:30

一早在代官山駅下車後，前往蔦屋書店前，會先經過這裡，少部分店家8點就開了，倒是可以順便轉進去看看，主要以欣賞建築為主題，這是由隈研吾設計、建築外觀像是一個個木箱不斷垂直向上堆積、並被綠意環繞如森林般，非常優雅，地下一樓到二樓為商場，其他則是辦公室與住家。

停留時間
30分

步行 **4分**

時間 依各設施而異
網址 forestgate-daikanyama.jp

IVY PLACE

10:00

停留時間
1小時

今天就計畫在這裡享用一頓優雅的氣質早餐吧。位在蔦屋書店2號館和3號館之間，以「森林中的圖書館」印象，打造的獨棟木造建築，被綠意包圍著。這裡的早餐被網路推為是東京必吃，雖開業超過十年，至今依舊是排隊名店。
時間 8:00~23:00
網址 www.tysons.jp/ivyplace/

步行 **1分**

代官山 蔦屋書店 / 代官山T-SITE

11:00

停留時間
2小時

2011年被評選為全球最美的20家書店之一的代官山蔦屋書店，分別以三棟大型玻璃建物組成，書籍分類完整又書類齊全，光在店內的空間光影都迷人。而遊逛書城之間也分布有各式店鋪、咖啡、餐飲，滿足書迷的需求。
時間 7:00~23:00，書店1F 9:00~22:00、2F 9:00~20:00
休日 1/1 **網址** store.tsite.jp/daikanyama/

入夜後的蔦屋書店依舊美麗優雅。

往西邊沿著公園外圍散步過來，會比搭電車快，也可以搭巴士或是計程車。

步行 **11**分

13:30

星巴克臻選®烘焙工坊

停留時間 **1.5**小時

全球第五家星巴克烘焙工坊，2019年在目黑川畔盛大開幕。中目黑星巴克邀請到知名建築師隈研吾設計出融合現代與日本傳統元素的建築空間，從開幕至今依舊人潮不減。總共達四層樓高的內部，包含引進米蘭知名麵包烘焙Princi、茶品區及雞尾酒吧等，春天櫻花季時更是一位難求。

時間 7:00~22:00(L.O.21:30)0　休日 不定休
網址 www.starbucks.co.jp/reserve/roastery/

目黑川櫻花

從中目黑車站出站徒步就可到達目黑川沿岸，全長將近8公里，兩旁有許多可愛的店舖頗適合悠閒遊逛，被稱為並木道的河畔種植了一整排的櫻花樹，賞櫻季節時也是東京知名景點。

木材與玻璃的建築設計，完美引入一旁目黑川櫻花道的綠意與幽靜。

沿目黑川往車站方向走，再轉進巷子即達。

步行 **13**分

15:00

TRAVELER'S FACTORY 中目黑

停留時間 **40**分

推開淡藍色的門框進入室內，隨手擺放的地球儀、行李皮箱等旅行元素刺激視覺感官，而牆上、桌面擺放文具用品，這裡是深受日本人喜愛，甚至在台灣、香港都十分搶手的旅人手帳(Traveler's Note)專賣店。豐富的各是文具商品，讓人挑也挑不完。

利用老房子原有的特性營造出個自由空間。

時間 12:00~20:00　休日 週二
網址 www.travelers-factory.com

在車站與目黑川的鄰近。

步行 **5**分

16:00

1LDK apartments .

停留時間 **1**小時

1LDK是日本知名的生活精選品牌，從男裝為出發原點受到歡迎，進而衍生出更多對生活的新提案；而在中目黑的1LDK apartments.以公寓為意象，將空間分為生活雜貨、女性時尚與咖啡廳三處，訴求的正是以衣食住出發的日常五感。

時間 13:00~19:00、咖啡12:00~19:00　休日 不定休、年末年始　網址 1ldkshop.com

以英國工廠風格為主軸的生活雜貨店。

步行 2分

17:00

Vase

純白色的小屋子由古民家改建，從格局依稀能看到往日歲月。走進低矮的建築，裡面空間只夠轉身，其他全被設計服飾與小物所包圍。店裡好像有魔力似地，經過的人忍不住都被這獨特空間吸引，並心滿意足地找到喜愛的衣物。

停留時間 20分

時間 12:00~20:00

網址 vasenakameguro.com

中目黑駅 日比谷線　惠比壽駅 日比谷線

電車 2分 ¥180

步行 3分　就在惠比壽神社的外圍。

18:00

惠比壽駄菓子Bar

這處打造成昭和年代的懷舊空間，提供的是零食、點心任你吃的開心點子！木造的餐廳空間內一旁擺滿零嘴，採入場零嘴吃到飽的方式，有超過100種以上的日式懷舊零嘴，想吃什麼就拿什麼。除此之外，想吃飯也有套餐可以選擇，連提供的料理都十足復古懷舊。

停留時間 1.5小時

時間 17:00~23:30　休日 週一、12/31~1/3

價格 入場¥500(零嘴吃到飽)，あげパン(炸麵包)¥250　網址 g485002.gorp.jp

備註 入場每人低銷為一杯飲料，未滿18歲以下(含高中生)不可單獨入店

在這裡吃飽、吃好玩，通通都可以滿足。

沿著惠比壽神社、惠比壽公園中間的路往南直行即可達。

步行 8分

19:30

惠比壽花園廣場

早期因人氣日劇《花より男子》(流星花園)在此取景而爆紅，至今依舊是購物、餐廳、博物館的流行地，當然更有許多浪漫的約會餐廳，夜晚打上燈光後，更散發著優雅質感。

停留時間 1.5小時

時間 依各店舖而異

網址 gardenplace.jp

從廣場前沿鐵道往北走即為JR車站。

步行 5分

惠比壽駅 JR山手線

21:00

占地廣闊的賣場、廣場，晚上走走逛逛超有氣氛。

Goal !

東京都內住宿推薦

都內住宿地點選擇多，東京車站、新宿、上野等交通及轉乘方便，以下就東京都心各大車站附近的優質住宿地來做介紹。

客房廣闊舒適，夜幕低垂，華燈初上的美景讓人連流忘返。

享用早餐同時，透過特意打造的大片玻璃能看見專屬東京的城市美景。

茶泡飯是最棒的開胃早餐！

東京駅

Hotel Metropolitan東京丸之內

HOTEL METROPOLITAN TOKYO MARUNOUCHI

🚃JR東京駅日本橋口直結，新幹線日本橋札口徒步1分，八重洲北口徒步2分，大手町駅B7出口徒步1分　☎03-3211-2233　🏠千代田區丸の內1-7-12　🕐Check-in 15:00、Check-out~12:00　🌐marunouchi.metropolitan.jp

　　Hotel Metropolitan東京丸之內就位在東京車站旁，與車站日本橋口直結，地理位置臨近歷史悠長的日本橋人形町、綠意盎然的皇居、瞬息多變的丸之內都會區，多元文化融合且交通位置絕佳，高樓層客房，更有著能眺望東京晴空塔樹與東京鐵塔的絕佳視野。

東京駅

AMAN TOKYO

安縵東京

🚇大手町駅、東京駅徒步8分 📞03-5224-3333 🏠千代田區大手町1-5-6 🕐Check-in 15:00、Check-out 12:00
🌐www.aman.com/resorts/aman-tokyo

大廳位在大手町Tower 33樓，景色是明亮天光和有如殿堂的開敞格局，透過挑高落地窗眺望，眼前意外地浮現青蔥森林。臥房同樣享有無敵景觀，日式意象比如和式障子，床之間等進一步融入空間設計，不過在領悟設計師巧思前，早就被東京面積最大的客房感動得驚歎連連，眼下市景有如銀河閃耀，現下的東京美景只有你獨享。

池袋駅

太陽城王子大飯店

🚇東池袋駅6、7號出口徒步3分(經地下道徒步4分)，東池袋四丁目駅徒步6分，池袋駅東口徒步8分 📞03-3988-1111
🏠豐島區東池袋3-1-5 🕐Check-in 15:00、Check-out 11:00 🌐www.princehotels.co.jp

太陽城王子大飯店座落在太陽城(Sunshine City)內，無論是交通或是觀光購物都非常便利。飯店總樓層數為38層，其中還有女性專屬樓層，讓單身旅行的女性也可以住的安心。飯店內也有會講中文的服務人員，十分貼心周到。

Hotel Monterey Ginza

銀座蒙特利酒店

📍有楽町駅徒歩6分,銀座一丁目駅10號出口徒歩1分,銀座駅徒歩4分 📞03-3544-7111 🏠中央區銀座2-10-2 ✏ Check-in 15:00、Check-out 11:00 🌐 www.hotelmonterey.co.jp/ginza

　位在東京銀座的繁華中心地帶,Hotel Monterey Ginza以貼心的服務與絕好的地理位置深受旅客歡迎。飯店內部裝潢素樸簡約,沒有豪華地毯與閃亮吊燈,有點古拙卻讓懷舊之心油然而生。比起都內其它飯店,房內空間寬裕且設備應有盡有,全館皆可使用Wi-Fi,且早餐豐盛美味,是觀光商旅的不錯選擇。

新宿王子飯店

📍JR新宿駅東口徒歩5分、西武新宿駅直結、都營大江戶線新宿西口駅徒歩2分 📞03-3205-1111 🏠新宿區歌舞伎町1-30-1 ✏Check-in 13:00、Check-out 11:00 🌐 www.princehotels.co.jp/shinjuku

　新宿王子飯店就位在新宿東口徒歩5分能達的良好地段,無論是交通或是觀光購物都非常便利,而且從飯店到車站一路上十分熱鬧,牛丼屋、藥妝店、電器行、各大百貨都集中在附近;而與新宿最繁華的歌舞伎町保持一點點距離,卻也是徒步數分即達,晚上要到居酒屋、燒烤店吃宵夜,都十分方便。

高輪 花香路

TAKANAWA HANAKOHRO

📍品川駅高輪口徒歩5分 📞03-3447-1111 🏠港區高輪3-13-1 ✏Check-in 15:00,Check-out 12:00 🌐www.princehotels.co.jp/hanakohro/ 🚌飯店有提供品川駅接駁車服務,時間8:00~9:27(班次間隔20分鐘)

　鄰近車站的「高輪花香路」可享受到最純粹的和式服務,設施有餐廳「櫻彩」平時提供客人休息,早上則是享用量身製作的豐盛和式早餐的場所。高輪花香路最知名的、即為佔地廣大的日本庭園,種植近20種不同的櫻花木,其中有一棵櫻開花基準木,看它開花就知道櫻花季已到來,櫻花季時也可免費入園參觀,園內超過20種不同的季節花朵,讓客人領略四季不同的自然景色。

根津駅

HOTEL GRAPHY NEZU

🚶根津駅徒步4分 📞050-3138-2628 📍台東區池之端4-5-10 🕐Check-in 15:00，
Check-out 11:00 🚲租借腳踏車一小時￥200(一天最多￥1200，時間7:00~22:00) 🌐
www.hotel-graphy.com

早餐菜單有份量十足的牛肉三明治、玉子三明治和水果優格等。

近上野公園、離地鐵根津站約3分鐘路程的「HOTEL GRAPHY
NEZU」，是體驗下町當地氣氛的最佳居住地，旅店所在地為住宅區，
夜晚到來十分寧靜且安穩；HOTEL GRAPHY NEZU提供64間客房，其
主要分共用浴室及獨立浴室等房型，房內使用白色基調為設計主軸，
簡潔且舒適。旅店一樓可分為兩大區塊：白天是CAFÉ、夜晚則化身為
BAR，並且連接著露天陽臺；後半部為STUDIO，含有迷你廚房以及休
息沙發區，頂樓則有ROOFTOP陽台。因旅店的房客以外國人居多，員
工大多都能用英文溝通，減少溝通上的困擾。

淺草駅

THE GATE HOTEL雷門by HULIC

🚶東京メトロ淺草駅(出口2)徒步2分，都營地下鐵淺草駅(A4出口)徒
步3分，つくばエクスプレス淺草駅(A1出口)徒步8分，東武鐵道淺草駅
(中央口)徒步4分 📞03-5826-3877 📍台東區雷門2-16-11
Check-in 14:00、Check-out 11:00 🌐www.gate-hotel.jp

開幕於2012年8月的THE GATE HOTEL雷門by HULIC
位置相當優越。搭乘電梯抵達13樓的飯店大廳，映入
眼簾的是全景式落地窗外的東京晴空塔，從飯店附設
的餐廳、露臺與酒吧，也可將淺草與墨田區的下町風情
盡收眼底。客房使用高品質的斯林百蘭(Slumberland)
寢具，舒適透氣，提供住客高品質的睡眠環境。

日本入境更快速便利

訪日前可網路預填「入境審查單」及「海關申報單」

從2024年1月25日起，以往在「Visit Japan Web」預填申報單，原本會生成「入境審查單」及「海關申報單」2組QR Code，重新簡化後，現在只會有1組QR Code，不論是入境審查或是最後出海關前，都是使用同1組QR Code，真的是便利多了，當然也可選擇到日本下機後再填傳統紙本，一樣可以入境。

◎相關使用及填寫方式：

第一次使用的人，需註冊帳號、email等資訊，註冊完成後，要開始登錄前，最好手邊要有護照資料、機票資料、住宿資料等在手，等一切齊備，就可以在出國前，先進行登錄囉。但須注意你飛抵的機場，必須是有Visit Japan Web對應系統的機場，目前日本有7個。想進一步了解使用方式，在Visit Japan Web上，有中文詳細說明使用手冊。

❶目前僅7個主要機場（東京-成田機場、東京-羽田機場、關西機場、中部機場、福岡機場、新千歲機場、那霸機場）可以使用Visit Japan Web辦理入境和海關手續

港澳入境日本&旅遊資訊

➤簽證及護照規定

持香港特區護照(HK SAR)、澳門特區(MACAU SAR)、英國(海外)公民(BNO)，只要是90日內短期赴日者，皆可享有免簽證待遇。

◎免簽證實施注意事項

對象：持有有效香港特區護照(HK SAR)、澳門特區(MACAU SAR)、英國(海外)公民(BNO)者

停留期間：不超過90日期間

赴日目的：以觀光、商務、探親等短期停留目的之赴日(如為其他目的，需另外申請簽證)

◎在香港日本國總領事館

⌂香港中環康樂廣場8號(交易廣場第一座46樓及47樓)

☎+852-2522-1184 ◷09:15-12:00、13:30-16:45 ⊗六日
🌐www.hk.emb-japan.go.jp/itprtop_zh/index.html
❶領館轄區：香港特別行政區、澳門特別行政區

➤貨幣及匯率

匯率：港幣1元約兌換日幣20.43圓(2024年7月)。

匯率：澳幣1元約兌換日幣19.84圓(2024年7月)。

通貨：日幣¥。紙鈔有1萬圓、5千圓、2千圓及1千圓，硬幣則有500圓、100圓、50圓、10圓、5圓及1圓。

❶2024年7月3日，日幣紙鈔全面更新，詳細資訊見B-1

➤電話

港澳行動電話和雖日本系統不同，但目前4G、5G手機已可漫遊日本地區。投幣話機可使用10圓、100圓。能打國際電話的公用電話越來越少，請特別注意。

❶以市話撥打國際電話方式，請參照B-2。香港國際區號(852)、澳門國際區號(853)

➤中國駐日本國大使館

港澳居民在日本遭遇到任何問題與麻煩，如護照遺失、人身安全等，皆可與辦事處連絡。

🚇東京Metro日比谷線、都營地下鐵大江戶線六本木駅下車，往TV朝日通路方向徒步約10分 ☎03-3403-3388，領事部03-6450-2196 ⌂港區元麻布3-4-33，領事部 品川區東五反田4-6-6 ◷週一～五9:00～12:30 ⊗週六、日、例假日 🌐jp.china-embassy.gov.cn/jpn/

➤港澳居民入境日本手續

請參考B3-B4。港澳居民入境日本，除了以往紙本入境申報單及海關申報單外，一樣適用「Visit Japan Web」，可提供出境前預辦入境手續的「入境審查」、「海關申報」和「免稅購買」的網上服務。

使用TIPS

想要出國不卡卡，請注意下兩個事項
① **用手機填寫：**以手機進入網站頁面，預先填寫「入境審查單」及「海關申報單」後會取得1組QRCode，以供入境日本時使用，建議用手機在網路直接填寫，就會在手機網頁上取得，會比用網頁方便。
② **截圖備用：**在出國前填完資料取得的QRCode，由於是透過網路連線後出現，但在下機當下，可能上網不那麼便利或是網路卡卡，除了以離線使用外，建議也可在手機上，直接將QRCode截圖存下，一樣可以使用，以免因臨時找不到網站或被登出帳號而慌張。

日本行動上網

在旅程中，使用Google Map、交通APP、美食APP、社群網路，或臨時查詢店家資訊時都需要網路連線，這時旅人們就會發現，少了網路，智慧型手機的功能馬上減弱一半。以下介紹四種上網的方法：WIFI分享機、上網SIM卡、國際漫遊與公眾WIFI，旅人可以依自己的需求做選擇。

➡Wfi分享機

在台灣租借Wifi分享機應該可算是在日本最方便的上網方式。由於一台分享機可同時讓3~5台行動裝置上網，因此一群朋友共同分享十分划算。日本4G上網速度快，在城市中一般通訊都不會太差，但要注意上網總流量可能會有限制。現在許多店家提供在機場取還的服務，對準備出國的旅客來說十分便利。

◎翔翼通訊

☎02-7730-3111

⌖取還處：桃園機場第一、二航廈3F出境大廳櫃台 ◆取件時間5:30~22:50(當日15:00前下單，可於當日18:00取機)；還機時間24小時，若非營業時間，可將機器及完整包裝投入還機箱 ⑤Softbank上網分享器(JP-5M)，4G上網吃到飽：設定費99元+日租金99元，可分享5台裝置，另有販售網卡及e-SIM卡

🌐is.gd/Fzec8j

❶台北、新竹、台中均設有直營門市，另基隆、桃園、台南、高雄亦設有代銷點，相關資訊以官網最新公告為主。

➡上網SIM卡

除了租借Wifi分享機以外，也可以選擇上網SIM卡。較不方便的地方在於，要使用上網SIM卡必須把手機內原本的SIM卡取出，換上專用SIM卡，雖然這樣一來便無法使用台灣的號碼，但因為有通訊軟體，還是可以與親友保持聯繫。因為只有換SIM卡，所以無須攜帶額外裝置，在超商與機場取貨便利，有些SIM卡甚至不用歸還，使用完後直接丟棄即可。

有鑑於將SIM卡換掉可能會因此漏接原本門號的訊息，有業者推出了eSIM卡，只要掃描寄到信箱的QRcode就能輕鬆安裝，直接省去現場領取的步驟，但購買前須特別注意自己的手機機型是否適用。

➡國際漫遊

電信業者	費率
中華電信emome	日租吃到飽1日(連續24小時)298元，1GB輕量型7天(連續168小時)149元，2GB輕量型7天(連續168小時)249元，5GB超值型8天(連續192小時)488元，8G超值型8天(連續192小時)688元
台灣大哥大	日租吃到飽1日(連續24小時)399元，4日以上每日199元；1GB計量型15天199元，2GB計量型15天 349元，5GB計量型15天 499元；另有漫遊上網同遊共享包及漫遊上網三合一方案
遠傳電信	日租吃到飽1日(連續24小時)199元，限最少申辦天數為4天最高30天；5GB加購1GB定量包(暑假促銷方案)至多連續10日(240小時)489元，5GB定量包至多連續10日(240小時)488元

※以上費率為2024年8月時之資訊，詳細費率請洽電信業者

➡免費公眾WIFI

業者	熱點	使用方式	網址
Starbucks Wi2	全日本的星巴克	免費，申請帳號密碼，不限時數使用	starbucks.wi2.co.jp/
LAWSON Wi-Fi	全日本的LAWSON便利商店可使用	免費，登入e-mail即可使用	www.lawson.co.jp/service/others/wifi/
FREESPOT	約一萬兩千處	免費，有的飯店提供的FREESPOT為住宿旅客專用	www.freespot.com/
TOKYO FREE Wi-Fi	東京都提供的車站、景點、公園等公共設施免費wifi，還可直接連接大眾運輸工具或各區域wifi	以SNS帳號或電子郵件免費申請，不限時間及次數，可於兩週內任意使用，超過兩週需重新註冊	www.wifi-tokyo.jp/ja/

退稅手續

在日本購物後要怎麼退稅？日本從2014年4月起將原本5%的消費稅調漲至8%後，陸續施行了一系列退稅制度修改，伴隨著對外國人的免稅新政策施行，原本只有電器、服飾能夠退稅，如今連食品、藥妝也列入免費範圍，2018年7月起更是將一般品及消耗品合併計算，退稅制度更為優惠。2019年10月起再調漲至10%，想搞懂新的退稅機制，只要把握以下幾個原則就沒有錯：

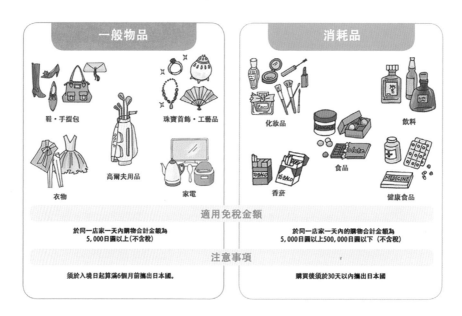

➡ 退稅門檻降低

以前的退稅制度將商品分為兩大類，其一為百貨服飾、家電用品等「一般品」，另一種則為食品、飲料、化妝品、藥品、菸酒等「消耗品」，退稅標準為：同一天在同一間店、購買同一種類商品達日幣5,000以上方可享受退稅。2018年7月以後再次降低門檻，不分一般品、消耗品，只要同一天在同一間店裡消費達日幣5,000以上、50萬以下，就可以享受退稅。

➡ 不可在日本境內拆封

在日本使用(食用)。為防止退稅過後的物品在日本被打開，購物退稅後物品會裝入專用袋或箱子中，直到出境後才能打開。若是在日本就打開，出境時會被追加回稅金，需特別注意。(原舊制的家電、服飾等「一般品」不在此限)

➡ 液體要放託運

原則上所有免稅商品都需要在出境時帶在身邊讓海關檢查，

但如果買了酒、飲料等液態食品，或是化妝水、乳液等保養品不能帶入機艙，必需要放入託運行李中時，可在結帳退稅時請店員分開包裝，但切記裝入行李箱時一樣不可打開包裝袋或箱子，以免退稅金被追討。

➡ 認明退稅標章

舊制的百貨、電器等在各大商場、百貨可於退稅櫃台辦理；而新制則是在付款時便出示護照辦理。可以退稅的店家會張貼退稅標章，若不確定可口頭詢問是否有退稅服務。

有關新稅制詳細規定可洽JAPAN TAX FREE SHOP官網：

www.mlit.go.jp/kankocho/tax-free/about.html

Japan. Tax-free Shop

➡ 退稅流程

❶ 選購商品	❷ 同一日同間商店購買a)消耗品+ b)一般品，滿日幣5,000(未稅)以上	❸ 結帳時表示欲享免稅，並出示護照。短期停留的觀光客才享有退稅資格。有的百貨、商店有專門退稅櫃台，可結帳後再到退稅櫃台辦理。
❹ 填寫基本資料／在購買者誓約書上簽名	❺ 取回商品與護照。	❻ 一般品可以拆封使用，而消耗品則不可拆封(由專用袋／箱裝著)，並應於出境時隨身攜帶以利海關檢查。

※更多詳細退稅說明可查詢JAPAN TAX FREE SHOP退稅手續：
🌐 www.mlit.go.jp/common/001396426.pdf

超簡單！
東京排行程

7 大 區域　**37** 條 路線　**350**⁺ 個 食遊購宿

一次串聯！

1日行程讓新手或玩家都能輕鬆自由行

 01

作者墨刻編輯部
攝影墨刻編輯部
主編周麗淑
美術設計許靜萍‧駱如蘭‧詹淑娟‧羅婕云
封面設計羅婕云
地圖繪製董嘉惠‧墨刻編輯部

出版公司
墨刻出版股份有限公司
地址：115台北市南港區昆陽街16號7樓
電話：886-2-2500-7008 ／傳真：886-2-2500-7796 ／
E-mail：mook_service@hmg.com.tw
發行公司
英屬蓋曼群島商家庭傳媒股份有限公司城邦分公司
城邦讀書花園：www.cite.com.tw
劃撥：19863813／戶名：書虫股份有限公司
香港發行城邦（香港）出版集團有限公司
地址：香港九龍土瓜灣土瓜灣道86號順聯工業大廈6樓A室
電話：852-2508-6231／傳真：852-2578-9337／
E-mail：hkcite@biznetvigator.com
城邦（馬新）出版集團 Cite (M) Sdn Bhd
地址：41, Jalan Radin Anum, Bandar Baru Sri Petaling,
57000 Kuala Lumpur, Malaysia.
電話：(603)90563833／傳真：(603)90576622／
E-mail：services@cite.my
製版‧印刷
凱林彩印股份有限公司
ISBN978-626-398-095-2‧978-626-398-094-5（EPUB）
城邦書號KX1001　**初版**2024年11月
定價420元
MOOK官網www.mook.com.tw
Facebook粉絲團
MOOK墨刻出版 www.facebook.com/travelmook
版權所有‧翻印必究

執行長何飛鵬
PCH集團生活旅遊事業總經理暨墨刻出版社長李淑霞

總編輯汪雨菁
副總編輯呂宛霖
採訪編輯趙思語‧李冠瑩
叢書編輯唐德容‧林昱霖‧蔡嘉榛
資深美術設計主任羅婕云
資深美術設計李英娟
影音企劃執行邱茗晨

資深業務經理詹顏嘉
業務經理劉玫玟
業務專員程麒
行銷企畫經理呂妙君
行銷企畫主任許立心
行政專員呂瑜珊

印務部經理王竟為

國家圖書館出版品預行編目(CIP)資料

超簡單！東京排行程：7大區域x 37條路
線x350+食購遊宿一次串聯！1日行程讓
新手或玩家都能輕鬆自由行 /墨刻編輯部
作 ; -- 初版. -- 臺北市：墨刻出版股份有限
公司出版：英屬蓋曼群島商家庭傳媒股份
有限公司城邦分公司發行, 2024.11
224面；16.8×23公分. -- (排行程；01)
ISBN 978-626-398-095-2(平裝)

1.旅遊　2.日本東京都

731.72609　　　　　　　113016205